SV

Durs Grünbein

Aroma

Ein römisches Zeichenbuch

Suhrkamp

Satz und Druck: Memminger MedienCentrum AG
Printed in Germany
Erste Auflage
ISBN 978-3-518-42167-3

1 2 3 4 5 – 15 14 13 12 11 10

Für Eva

INHALT

FORMA URBIS ROMAE

Alles das ist verschwunden.
Nichts mehr da von der Pracht,
Die der Grundriß uns glauben macht.

So am Forum der Friedenstempel
Mit dem geräumigen Kartensaal.
An der Wand hing bis zur Decke,
In Marmorplatten graviert,
Der älteste Stadtplan der Welt.

Nicht mehr hallen die Schritte
Der Bücherträger, die Stimmen
Der Kartographen. All das ist fort.

Siete qui sagt der Pfeil
Am Ort der Leere. – Sie sind hier.
Wo sind wir? Wer sind wir?

Wir sind das Imaginäre,
Die Agenten des Ungefähren.

Es gibt jetzt nur uns hier
Im Staub des Forum Romanum,
Da, wo vieles begann, was wir sind,
Abgesandte der reinen Absenz.

Wo sind wir? – Sie sind hier,
Sagt der Pfeil und zeigt wortlos
Den Ort an, die Grube zu Füßen.
Doch da ist nur das Erdreich.

Wann sind wir? fragt sich im stillen,
Der auf schwankendem Boden steht.
Wir sind hier. Jetzt sind wir.

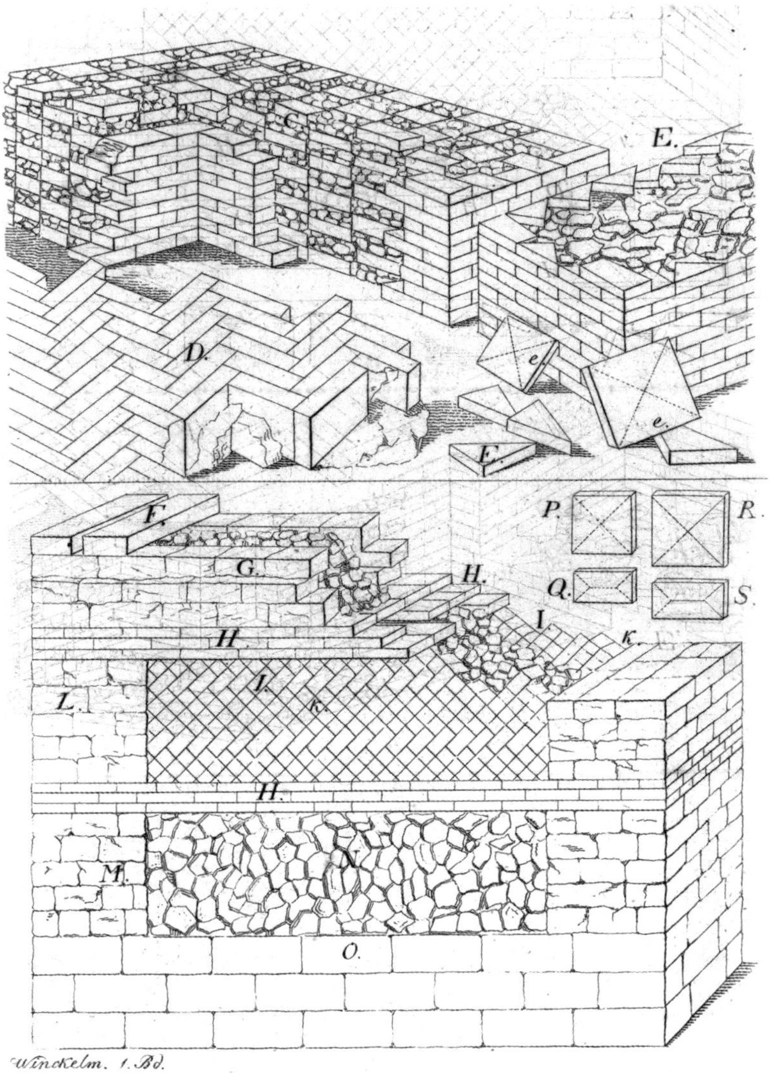

Winckelm. 1. Bd.

AROMA

Opus incertum

Opus incertum et cementitium: *Römisches Mauerwerk aus Bruchsteinen mit Mörtelguß – hinterläßt den Eindruck einer unregelmäßigen Oberfläche*

I

Woher der Rauhreif am Hosenbein, das Mehl auf den Schuhen,
Daß zu putzen kaum lohnt hier? Woher die pelzige Zunge,
Das Rätsel verschneiter Pinien (mitten im Sommer) und Palmen,
Grau meliert wie die Bärte wilhelminischer Altphilologen?
Durch alle Fenster dringt er, noch in die fernste Vorstadtbude,
Der Staub des Forums, ein Mondstaub anderer Art, aufgewirbelt
Von den Pilgermassen, die zähneknirschend in Rom erst begreifen:
So schmeckt Geschichte.
Dies ist ihr bittres, mehlstumpfes Aroma,
Das die Schleimhäute reizt, auf die Retina einen Schleier legt.
Man lechzt nach Wasser, je mehr man dem Zentrum sich nähert,
Diesem wimmelnden Steinbruch zwischen Kolosseum und Kurie.
Hier blüht das Geschäft mit den blauen Plastikflaschen, hier wird
Zur kühlen Verheißung auf Etiketten der Name *Egeria.* »Frizzante
O naturale?« Einerlei. Her mit dem Rohstoff der Aquädukte!
Der einzigen Währung von dauerndem Wert, dem universalen
Argument römischer Zivilisation, das immer noch zieht.

II

Rosige Fingernägel, Bartstoppeln vom Feinsten, seidiges Haar –
All das treibt der Süden hervor, der tägliche Vitaminstoß der Sonne.
Aufblühen wird man hier, auch als *kraut* sich gern überlassen
Dem wohligen Phototropismus. Der man im Norden war,
Dieser Eisblock Identität, Psyches Schneemann ist bald zerronnen.
Beschlossene Sache unter sämtlichen Poren: jetzt wird gepraßt
Mit Licht, Luft und Leichtsinn. Hier läßt selbst Sisyphos los.
Sieben Hügel, das genügt, daß der Stein ins Rollen gerät.
Unbeschwert folgt man den Obelisken ins Blaue, steht im Gewirr
Eines Gemüsemarkts auf barockem Platz, und das Staunen ist groß:
Tomaten wie Clownsnasen, Artischocken, ganze Radicchio-Beete,
In blauroter Glasur Auberginen, poliert wie teures Chinageschirr.
Und Hügel heißt: überall liegt die Stadt dir zu Füßen, gewährt
Blicke von Himmelsaltären. Der Körper hört auf, zur Marone
Geröstet, je wärmer es wird, sich um Metamorphosen zu scheren.
Wer immer in Rom umherspaziert, ist als solcher schon Epigone.

III

»Saxa loquuntur«
Sigmund Freud, nach Lukas, Pharsalia, 6. Buch

Wen zogen sie denn an, die alten Steine
In ihren Stadien des Verfalls? Zuerst die Künstler.
Artisten kamen, Architekten, wie von Arbeit angelockt.
Und wieder Architekten – schließlich Archäologen,
Almosensammler jeder Altkultur, die einmal reich war.
Sie alle hörten es von fern, das Klicken eines Abakus,
Von schmaler Hand bewegt, das klassische Geräusch
Das Zeit macht, wenn sie rechnet mit dem Raum.
Ästheten haben ihm gelauscht und waren alarmiert,
Daß solcher Rhythmus stotterte und knirschendes Geröll
Am Forum Lügen strafte die Auguren, Astrologen.
Und dann die Alten, Sonntagsschüler, schwankende Studiosi,
Mit ihrer Sucht nach tröstender Antike. Zum Magneten
Wird der poröse Torso, narbenreiche Säulenstumpf
Für diese wißbegierig rüstigen, erschöpften Körper,
So ganz durchdrungen von Vergänglichkeit.

IV

Makaberer Lockruf: doch nichts zieht so unfehlbar ins Zentrum,
In den Tiegel am Tiber wie die Sirenen der Ambulanzen.
Etwas unbestimmt Dringliches liegt darin, die urbane Urvibration.
Und willig folgt man ihr, läßt sich an den Schuhsohlen kitzeln,
Lauscht dem Geklingel am Fließband des Chemiewerks im Innern.
Adrenalin putzt die Linsen, stellt den Blick scharf, wenn es gilt,
Über die Straße zu flitzen an der Piazza Venezia. Irres Geheul,
Eine Rallye der Vespas empfängt einen zum *mezzogiorno* dort.
Mit flimmerndem Herzen läßt man sich treiben, stürzt kopfüber
Den tarpejischen Felsen hinab, in Gedanken an so manchen Verrat.
Eine der lautesten Städte sei Rom ... Doch was ist das schon
Gegen die Kräche in jedem einzelnen Hirn? Draußen der Lärm
Bricht sich am Kalksteingletscher des Vittoriano, auf dessen Höhen
Scharen von Spielzeugmännlein um Aussicht ringen, geblendet
Vom grellen Weiß dort oben, für das es Schneebrillen brauchte.
Das ist er, der Altar der Verirrten: die reinste steingewordene Panik.

V

Ist das nun Blendung, Korruption durch Augenschein, der Veduten
Unwiderstehliche Macht? Viel sieht man nicht von der Stadt.
Das meiste bleibt unterirdisch, nicht nur Keller und Katakomben.
Gern blickt man durch Schlüssellöcher, auch ohne ein *Benvenuto*,
Erlebt Rom allseits zum Kaiserpanorama erhöht. Keine Bomben,
Keine Luftwaffe: die Furien der Baukunst haben dies angerichtet.
Der Sturm im Kulissenfundus, seit Neros herostratischer Tat
Gehört er dazu wie das Pastetenbacken und Tortenschichten.

Unterm *Cinema Trevi* liegt das Wohnhaus aus neronischer Zeit.
Oben spielt man »Quo vadis«, knutscht im Dunkel bei »Ben Hur«,
Da kommt unten Terrakotta-Nippes, eine Marmorstiege ans Licht.
Denkbar auch, daß sich einer in Mussolinis Neo-Antike verrennt ...
Darum die wirren Träume, verwickelt wie die eigenen Eingeweide,
Die Frage: in welchem Stockwerk Gegenwart befinden Sie sich?
Verrät es die Wasserleitung, die Fernsehantenne? Nicht nur
Ausgräber sind hier, auch die Seelenforscher in ihrem Element.

VI

»Sia ammazzato ...«

Goethe, Das römische Karneval

Lange vorbei sind die Zeiten der Gänsekiele, des Fackelscheins,
Als bei Einbruch die Nacht auf Ruinen ihre Tintenfässer zerschlug,
Ein Dunkel malend, in dem das Verbrechen gedieh, die gemeine
Schauergeschichte mit Grotten, efeubewachsen, Fledermausflug.
Man denkt an den *bravo*, im filzigen Umhang den Messerstecher,
An Winckelmanns Tod in Triest, fern von Einfalt und Griechengrazie.
Mord trennte Remus, Romulus schon, und *mars ultor* (der Rächer)
War der Gott aller Bürgerkriege seit Cäsar. Die Leichen im Keller,
Die Hohlräume, Hinterhalte gaben der Stadt dies Furchteinflößende,
Von dem die Ausländer raunten.
Erst heute, elektrisch erhellt,
Sind die Nächte geregelt, auf brausenden Corsos die Todesraten.
Etwas ist anders, seit auf dem Forum keine Kühe mehr weiden,
Niemand auf eigne Gefahr mehr durch Flavias Schlafzimmer steigt.
Anders die Lichtshow am Kolosseum, der übertriebene Schatten
Des Operetten-Gladiators, und die Römer sind alle verkleidet ...
Nur die Steine brüten nach alter Devise: Latein oder Schweigen.

VII

»Rom, dieser einzige Scheiterhaufen ...«
Dion Chrysostomos

Wie heißt dieser Wind, der morgens kalt von den Bergen
Herabsteigt, nackte Fesseln bestreicht und, im Rinnstein
Die Wettscheine aufwirbelnd, Erinnerungen belebt
An vergangene Pferderennen? Auch das ist Rom:
Die grüne Orgie der Brennessel an einer Kirchenmauer.
Die Katzenversammlung im ausgetrockneten Brunnen
In einem der Parks, die den Namen einer Villa tragen,
Auch wenn weit und breit im Grün keine Villa sich zeigt.
Der Himmel ist blank gefegt, eisig blau, bis gegen Mittag
Tramontana der Atem ausgeht. Dann funkelt das Scheren-
Gitter vorm Postamt bös wie die Kühlerhaube des heißen
Alfa Romeo. Dann stockt der Tag, und im Flimmern
Der Straßen, von den fahrbaren Kochplatten aufgeheizt,
Wird Rom der riesige Scheiterhaufen, den Chrysostomos sah.
Nun weht kein Lüftchen mehr. Nur ein kühler Kopf träumt,
Wühlt sich beglückt durch den Abfall der Impressionen.

VIII

Hier also gingen sie, im Rausch ihrer Tage, auf Straßen wie diesen,
Holpersteinigen Gassen, die noch immer den Grundriß bezeugen.
Kleine Läden lockten da, basarhaft beschirmt von groben Markisen,
Und in der Hundehütte darüber, zu eng, sich aus der Koje zu beugen,
Schlief der Besitzer. Ein Japaner war dieser Mensch der Antike –
Zu Hause in niedrigen Kellergewölben. Der Gehsteig aus Travertin
Reichte manchem bis zu den Knien. Die ersten Fußgängerzonen
Erkennt man am Fehlen der Räderfurchen, an den softigen Stiegen.
Mauern aus Fischgrätziegeln in Netzwerk fingen jeden – auch ihn,
König Kunde, den Trottel. So lange schon sieht man ihn thronen
Vor den *tabernae*, im Reich der Schuster, Teppichhändler, Floristen.
Ein Saustall war dieser Markt hinterm Forum, glaubt man Martial.
Da wurde gespuckt und gefeilscht, abgehäutet, am Gemüse gedrückt
Mit einer Leidenschaft, die bis heute nie mehr erloschen ist.
Doch zeigt Existenz sich, das Quantum, für das jeder täglich bezahlt,
Erst überm Estrich in Form des kleinen, fein gepinselten Rasenstücks.

IX

»Weine nicht! Gesiegt hat der Löwe …«
Offenbarung Johannis 5,5

Wieder Karfreitag, und die nächtliche Prozession, Papst voran,
Führt zurück an den Tatort im Flutlicht, die löchrige Märtyrergrube.
Das Kolosseum, erbaut aus dem Raubgold Judäas – ist heute
Die größte Bettlerschale der Welt, Monument früher Massenkultur,
Öffentlich aufgestellt, der Kommune zum Nutzen. Nur heute ist
Alles anders: leise die Menge, der Spaß versalzen, der Eintritt frei;
Und der Tuffstein bleckt seine Zähne. In hohlen Arkadenaugen
Spielt die sternlose Nacht den Part des unparteiischen Prokurators.
Zu spät kommt, wie immer zu spät das Gebet mit der reuigen Frage
Nach dem alten *Geheimnis des Bösen.*
Denn da ist nur Gemäuer,
Das an Schlachthof erinnert, an schartige Abflußrinnen im Boden.
Stunden vergehen, eh die letzte Station, vorbei am Konstantinsbogen
Durch das Tor führt, in dem sonst die Muskelmänner erschienen,
Die Kerle mit Dreizack und Netz, die Keulenschwinger und Würger.
Über den Löwenkäfigen tut sich was. Das Ovarium schluckt
Das Gemurmel und speit es aus als Spektakel – in *Mondovision.*

Freitag, 10. April 2009

X

April, und schon erwacht man mit Schweiß im Angesicht.
Ein Ventilator schneidet die dicke Luft, den Levkoienduft
In feine Streifen, die dann am Körper kleben, ein Tesafilm
Für Moskitoflügel, Akazienpollen, italienische Schlager.
Auf in die Stadt, die so vieles zu bieten hat für das Auge,
Das feucht wird vom bloßen Schauen, auch überlistet
Von Tritonen, die pausbäckig Brunnenränder erweichen.
Am Hydranten vor der Bar »Aqua Virgo« turnt ein Kind,
Das zieht aus dem Mund einen Kaugummi, endlos lang
Wie Siesta-Stunden, vor verschlossenen Türen verbracht.
Am besten, man lehnt sich zurück, nimmt am Nachmittag
Ein Vollbad. Und während es laut aus den Hähnen strömt,
Erfreut der Gedanke an die altrömischen Wasserleitungen,
Die schon die Thermen versorgten, die Gärten Sallusts.
Nicht das Klima nur – jeder schwarze Taschenverkäufer
Beweist dir: Du bist hier auf halbem Wege nach Afrika.

XI

Allerorts Nymphen, dünstende Flußgötter in schwerer Männlichkeit,
So viel glanzvoller Speck, Wasserspiele auf atemberaubenden Plätzen,
Daß man lang rätselt. Skandalös bleibt die Nacktheit im Kirchenstaat.
Heut ist das alles geklärt. Turtelnde Paare zeigen blutrote Gaumen,
Entblößte Nabel. Den Rest präsentiert schlendernde Turnschuhjugend
Dem Satyr im Trenchcoat, dem als Kunstliebhaber getarnten Faun.
Alibis gibt es zuhauf für den Freund der Lücken und Transparenzen,
Den schweigsamen Mann mit dem Itinerar in der Hand auf der Suche
Nach der geheimnisvollen *meta sudans*.
Doch es gibt keine Grenzen,
Keine Endpunkte wirklich, nur Wendemarken, an denen der Körper
Scharf abbiegt, um sofort weiterzujagen im zoologischen Zirkus.
Verherrlicht findet er sich hier überall, auf Hunderten sprudelnden,
Schäumenden Präsentiertabletts, in jeder nur denkbaren Stellung.
Meist schmeichelhaft (Typ Najade), selten realistisch (Typ fetter Silen
Mit dem Wasserschlauch) – und da sitzt er schon, rucksackbepackt,
Am wulstigen Brunnenrand, lechzt, wie ein Strohbündel schwitzend.

XII

Nachts aber ist es die doppelte Dunkelheit unter den Pinienschirmen,
Die größere Schattendichte hier, die einen am Rückgrat erwischt,
Das Gefühl des Lebendigbegrabenseins unter dem stickigen Tumulus
In den Ausmaßen Roms. Dann fluchen die *morituri*, dann schließt
Der Himmel sich zur backofenwarmen Rotunde, reich dekoriert
Mit Mosaiken in primitiver Manier, Seeungeheuern und schweren,
Stiernackigen Ringern mit blutunterlaufenen Augen. Dann hallt –
Caracalla, Caracalla – vom Auspuffknall das rohe Mauerwerk wider
An der Straße der Thermen, Synonym für gepflegte Fußballgewalt.
Das ist die Stunde des *stronzo*, des Hooligans, der läufigen Wölfin,
Die ein Spiel der geahnten Formen entfacht, Bewegung der Schichten.
Nun wird der Untergrund wach. Das Mithräum belebt sich, und Jugend,
Glatzköpfig, geschminkt auf Kassandra, betreibt ihre brandneuen Kulte.
Vor den Clubs stehen, um kleine Aschenurnen versammelt, palavernd
Die Rauchergruppen und opfern den globalen Göttern der Nacht,
Bevor auch sie einer der menschenfressenden Torbögen schluckt.

XIII
(Kleiner Sonnengesang)

Was brütest du heut wieder aus, pinienverliebte Sonne,
Fragt sich, nach Wochen der Übung, der Novize in Rom.
Steigst auf den Palatin in energischen, samtenen Schritten,
Die viel Staub hinterlassen und kleine Geröll-Lawinen.
Zündest die Obelisken an, diese Sonderlinge vom Nil,
Steinerne Trägerraketen mit ihrer Botschaft für keinen.
Glücklich die Vögel, die sie als Aussichtspunkt nutzen,
Um dir zu folgen bei deiner flammenden Offensive
Über Kuppeln und Baumkronen hinein ins Häusermeer.
Auf jeder zweiten Säule thront eine Möwe, das Gefieder
Vom Wind aufgeschäumt zum korinthischen Kapitell.
Sie rufen dir nach, was sie immer rufen, ihr *Ra, Ra, Ra* …
Den ältesten Namen. Doch was schert dich das schon?
Du läßt sie rotieren, alle. Lieferst stumm das Gehackte.
Machst hier ein Kirchlein hell, sprengst da einen Tempel,
Öffnest die goldenen Fensterläden römischer Häuser.

XIV

Morgens ein Unfall: zwei *motorini*, grotesk ineinander verkeilt,
Die Lenker verhakt, Fangwerkzeuge der Kopfabreißerin Mantis.
Die breite Kreuzung vor dem Tor Michelangelos ist nun blockiert.
Alles schimpft, das Gehupe schwillt an zur futuristischen Sinfonie.
Grimassen im Stau, die Atmosphäre geladen, und kein Mitleid
Mit den beiden am Boden, Gladiatoren in schwarzen Helmen,
Die verkrümmt auf der Seite liegen. Dann kommst du vorbei,
Siehst, was du nie sehen wolltest, überrascht von der Plötzlichkeit
Dieser Szene, die alles scharf stellt, die Farben häßlich intensiviert.
Reines Naturgeschehen, doch diesmal mit Kiosken, Autobussen,
Ampeln, die sinnlos weiterschalten, Blechschrott auf dem Asphalt.
Ein Carabiniere fordert Verstärkung an. Es fehlt an Ärzten –
Oder Engeln, die still durch Mauern gehen. Statt dessen drängen
Zeitungsverkäufer herbei, Scheibenputzer und Spielzeughändler:
Das Heer der kleingeldsammelnden Bienen, die manchmal stechen.
Dann kommt die Sonne heraus. Rom steht in Flammen. *Aiuto!*

XV

Gegen alle Physik: woher rührt dieser Magnetismus der Steine?
Weil sie das einzige sind, das uns bleibt, wenn alles verbraucht ist,
Die Brennstoffe, Kämpfe, Kredite, das süße sexuelle Begehren?
Mag der Vorrat verbrannt sein, das Halbdutzend politischer Ideale
Von Cato bis Kant – immer noch steht da in prächtiger Erektion
Der Torbogen, frei von Funktionen, die einzelne wuchtige Säule,
Die den Tempel einst mittrug. Es muß an der Strahlkraft liegen
Dieser Zuckerstücke aus Marmor, Kollektoren von Solarenergie,
Daß die Stadt so vom Grund herauf leuchtet, überhell scheint.
Ein ewiger Mittag, der schon morgens beginnt, drückt hier jedem
Vorübergehenden Körper seinen Unsterblichkeitsstempel auf.
So durchflutet von Licht, fühlt man sich, innerlich ausgebleicht,
Den nackten Akteuren nah auf den römischen Wandgemälden,
Die Zeit entfärbt hat, entrückt in den Nischen ihres Nymphaeums.
Längst hat die Mauer sie aufgesaugt: die Marmeladenfarben, den
Gelée Royale dieser müden Eroten auf ihrer Insel der Glückseligen.

XVI

Zeder des Libanon, Zeder des Himalaya,
Palma azzura und Palme von Kalifornien,

Schwimmt hinaus in die südliche Nacht.

Überschattet den Himmel, nehmt euch von ihm,
Was es braucht für den schwärzeren Fächertanz,
Was sich findet zum bleicheren Schleiertanz.

Berückt den Vorübergehenden, berauscht ihn
Mit eurer Unverrückbarkeit, ihr vorzeiten
Herübergeholten – aus dem Gelobten Land.

Die Parks wären leer ohne euch, Koniferen,
Haltlose Inseln in der Brandung der Straßen,
Beton mit Marmor möbliert, Monumenten,
Die bald gelangweilt wären, mit sich allein.

Du gute Aleppo-Kiefer (gern Pinie genannt),
Nimm dich des unterwürfigen Rasenstücks an.
Schweizergarde der Trauerzypressen,

Gebt dem Casino Nobile sein letztes Geleit.

XVII

Gleißendes Morgenlicht weckt den Italienmüden. Ostentativ
Dreht die Maschine eine Extrarunde überm Tyrrhenischen Meer.
Ostia, die kleine Pforte, erwartet die Jumbos, Touristentransporter,
Wie Octavians Flotten nach der siegreichen Heimkehr von Actium.
Im Taxi dann Orient-Pop, Musik für Schlangenbeschwörer, punktiert
Von Hannibals Trommeln, dem ältesten Beat: *ad portas, ad portas ...*
Doch die Tore sind offen, durchlöchert die blutroten Ziegelwälle
Der Aurelianischen wie jeder andern antiken Mauer in Rom.
Unbemerkt schlüpft man hinein und taucht sofort unter im Strom,
Einer der vielen Tarnkappenträger, die postum auf Urlaubsfilmen,
In fremden Photoalben wiederkehren, unscharf zumeist, anonym.
Denn gesehn wird hier nur, wer aufspielt, sich ganz unterwirft
Der Diktatur schöner Körper. Das ist das wahre Römische Karneval:
Die Maskerade des Sexus bei Tag, überall und auf offener Straße,
Das Nacktsein in vielerlei Graden. Von weit her eingeflogen
Kommen die Späher, nehmen Platz in den Logen zur Fleischbeschau.

P. Fabricio
T. di Be
recintia
T. di
Fauno
T. Escula
pio
ospitale
P. Cestio
Isola Tiberina

XVIII

Ein Flußübergang, geschützt durch zwei Hügel, natürliche Furt –
So hat es wohl angefangen. So könnte es, Livius, gewesen sein.
Die kleine Tiberinsel: war sie der Anlaß für diese Stadt?
Da ist etwas Schwemmland – der Nucleus, und mitten im Fluß
Schwimmt auf einmal ein Tempel, der, von den Ufern besehen,
An ein Schiff erinnert mit hohen Decksaufbauten. Ein Hospital
Stand am Bug, steht noch immer dort, zweitausend Jahre danach,
An der Kreuzung uralter Handelsstraßen.
                                                    Hier war die Schlange,
Äskulaps Helferin, aus Griechenland importiert, von Bord geglitten,
Hatte sich eingerollt, einen Bannkreis gebildet, ein erstes Zentrum.
Jedem Passanten wird, auch noch übermorgen, die Story erzählt.
Doch wer Augen hat, siehts. Auch wenn manches abhanden kam
(Die Hermen, die Wassermühlen) – ist die Brücke noch ganz die alte.
He, Fabricius, alter Wegeverwalter: heute hab ich sie überquert,
Las unterm Bogen silbern in Sprayer-Schrift das »Ti amo Giulia«
Und sah am Pfeiler aus Tuffstein die Wasser sich seelenruhig teilen.

XIX

Autos voll Taubendreck, wie durch den Fluß gezogen, vor Kneipen,
So klein, daß die Paare sich teilen müssen im Innern: wo ist das?
Wir sind in Trastevere, weiß die Nase. Das Auge sichtet befriedigt
Unkraut aus Pflasterritzen, Schichten Papiermüll in Mauerwinkeln,
Plakate von vorvorgestern, Preise in Lira – Inkrustationen der Zeit.
Älter als Rom sei der Ort, sagen die Gossenauguren, und jede Gasse
Scheint ihnen recht zu geben in ihrer tiefen mütterlichen Verlebtheit.
Dichter ist hier der urbane Humus, als Folge auf ewig beschränkter,
Verschlungen beengter Verhältnisse, die doch voller Kindheiten sind.
Ärmer die Kirchgemeinden, so schätzt man (und kann sich täuschen) –
Nur weil die Treppen den Böden in Wettbüros gleichen, die Pforten
Dem schäbigen Windfang öffentlicher Latrinen. Weil die Heiligen
In verrußten Kapellen vor Volkstümlichkeit bluten und schwitzen.
Manches erinnert stark an die Zeiten des Juvenal, an windschiefe
Mietshaustürme, von Bränden bedroht, Inseln erfüllten Aberglaubens.
Man kennt diesen dreizehnten Stadtteil, kennt ihn von überall her.

XX

Irgendwo gräbt wer in diesem Haufen, sticht den Spaten ins weiche
Fleisch der gesättigten Erde, zieht einen Frauentorso ans Licht,
Enthüllt hier ein Stück Liebesgöttin, da eine delikate Szene
Als Mosaik, dem die heißesten Puzzleteile leider schon fehlen.
Es braucht keine Wünschelrute, um fündig zu werden. Meist genügt
Die Reparatur einer Gasleitung, ein Erdrutsch im Hinterhof
Oder der Bau einer U-Bahn-Station. Dann senkt sich das Antlitz,
Plötzlich gespannt, wie das des Lesers auf die Buchseite herab.
Ein Bleigewicht zieht an den Füßen. Zum Melancholiker wird
Für ein paar bange Sekunden der Baggerführer, der junge Monteur.
Immer ist es das Erdreich, grausiges Souterrain, das die lieblichen
Dinge behält, selten hergibt, den Menschen perfekt subtrahiert.
Was für ein Durchbruch das war, als ihn Kuppel und Tambour
Endlich aufblicken ließen, Gewölbe mit himmlischen Fresken.
Nun sucht er den Schwindel, schaukelt an Engeln sich auf, bestaunt
Deckenbilder, die man besser rücklings, vom Kinderwagen aus sieht.

XXI

Großfingrig winkt da ein Palmblatt, Blumenkübel versprühen Grün
Über die Reling des Luxusliners aus Stein. Zum Sonnendeck
Ausgebaut sind die Dächer vieler römischer Häuser, Terrassen.
Was es nicht alles zu sehen gibt da *on top.* Tropfen für Tropfen
Wird einem reiner Wein eingeschenkt über Männer- und Frauenleiber
In dieser Zeit der verschärften Nacktheit. Noch aus der Ferne
Kitzeln die schrillsten Tattoos, all die Binokelformen der Brüste.
Das Nudistencamp ahnt man auch dort, wo Terrakotten und Schirme
Den Blick auf die Boteros, die späten Picassos taktvoll verstellen.
Paravents regeln das Eheleben, wie überall. Antikisch gediegen
Geht es zu in diesen Hängenden Gärten: hier wacht eine Sphinx,
Dort thront der Kopf einer Juno. Herr Professor mit eigner Palaestra ...
Mancher hat da ein Laufband stehen und rennt und rennt keuchend
Gegen den Horizont an, vor sich das Meer, die Gipfel des Apennin.
Überhaupt dieser Ausblick – wozu Observatorium, Privatteleskop,
Wo man unter sich im Gewimmel Roms die schönsten Sternbilder hat?

XXII

»This vitaccia is terne beyond all belief.«
Samuel Beckett, Aus einem Brief

Werbung macht müde. Hier wie in jeder Großstadt
Reizt das Dauerfeuer der Plakate die Augen zum Tränen.
Shampoo und Speiseeis durcheinander, obenauf Sahne,
Dazwischen ein Longdrink und kreuzweis die Beine
Der jüngsten *velina*, die im Bikini vor Palmen sich räkelt.
Er zeigt den Waschbrettbauch, sie ihre perlweißen Zähne.
Eine Schreckensvision: von jetzt an und für alle Zeit
Die immergleichen Motive, Gesten, das bißchen Mimik,
Ein Repertoire für Verstockte, durchschaubare Animation.
Was hätte Catullus dazu gesagt, der launige, hier in Rom
Frühvollendet gestorben – der erste moderne Dichter?
Brauchts nicht Erotik, auszuhalten dies Hundeleben
Auf brodelnden Straßen, wo der Teer kocht im Sommer?
Lieben und Hassen, es bleibt dabei: sie sind der Antrieb,
Der alles durchkreuzt, auch den Reigen der Surrogate –
Die wiederkehren wie im Scirocco der Sand der Sahara.

XXIII

Vorm Lyzeum »Julius Cäsar« hockt eine Mädchenbande. Sie blasen
Den Rauch ihrer Zigaretten gekonnt drachenhaft durch die Nasen.
Stark sieht das aus. Paßt zu den weißen Vespas, den Sonnenbrillen.
Nicht auszudenken, was die Stadt vorhat mit ihnen. Im stillen
Brütet jede ihren Kummer aus, groß wie der römische Tag.

Immer im Juli erscheint er uns wieder, ein Name. Und keiner mag
Die Geschichten mehr hören. Als gäbe es irgendein Leben,
In dem der Würfel nicht fällt, der Rubikon nicht überschritten wird.
Pubertät: Achterbahnfahrt der Gefühle ... Die Stimmung heben
Kann nicht einmal Rom, das von Formen, Farben, Aromen pulsiert.

Jedes Viertel hat seine Markthalle. Dort liegt alles zuhauf, was
Natur einem Volk von geborenen Gastronomen nur auftischen kann,
Tomaten und Trüffel, Trauben usw. Sie aber lägen lieber im Gras,
Ließen über sich Wolken ziehen und vergessen Test und Diktat.
Gleich ist die Pause um. Was interessiert sie der große Mann,
Der kam, sah, siegte und doch zugrunde ging am gelobten Verrat?

XXIV

TI. CLAVDIVS
DRVSI F. CAESAR
AVG. GERMANICVS
PONT. MAX. TRIB. POT.
IV. IMP. XVI. COS. III.
CENSOR P.P.
AVCTIS POPVLI ROMANI
FINIBVS POMERIVM.
AMPLIAVIT TERMINAVITQ.
Grenzstein des Kaisers Claudius,
gefunden an der Porta Flaminia

Dreizehn Tore hatte sie, Aurelians Mauer, dies Bollwerk zum Schutz
Vor den Barbaren, die immer wiederkehrten, bis sie durchlöchert war.
Rostbraun kniet sie sich hier tief ins Erdreich, steht da ziegelrot auf,
Erstaunlich intakt. Man sieht sie an allen Ecken und Enden der Stadt
(Was den Traum vom Bandwurm erklärt, der mehrmals wiederkehrte).
Ihr Zickzack verrät den Grundriß: sie ist auf den Landkarten Roms
Die gestrichelte Linie, die den Dorfkern des Weltreichs markiert.
Fing nicht alles mit Pfahlbauten an? Romulus' Hütte lebt weiter –
An den Flanken der Wehranlage, in ihren herbergshaften Gewölben,
In denen das Kirchlein Platz hat, die Kapelle mit dem Madonnenbild,
Elektrisch angestrahlt, auch die Garage für den zerbeulten Fiat.
Vom Gemüsebeet (Kürbisranken, undurchdringlich wie Stacheldraht)
Bis zum Tennisfeld, Kinderspielplatz ist alles dabei. Die verwaiste
Schaukel, das schlaffe Netz steht für den Totpunkt im Zeitenlauf.
Wie es weitergeht, zeigt sich nebenan. Mit dem Schild *Embassy*
Wirbt da irgendein Schurkenstaat um Vertrauen – hinter hohem Beton.

XXV

G. R. A.: »Grande Raccordo Anulare«
(Großer Autobahnring um Rom)

Ein Schritt aus dem Stadttor, und man war auf dem Dorf.
Bald hinterm Drususbogen häckseln Zikaden die Stille,
Und es erstirbt das Rangiergeräusch der Kolosse aus Stein.
Verfallne Gehöfte, rostige Landmaschinen: Metropole ade.
Pflügbares Land übernimmt, Obstgärten locken beiseite.
Nicht mehr Säulen bestimmen die Ordnung, sondern Eiche
(Steineiche, Korkeiche), Walnußbaum, Ahorn und Myrte.
Via Appia zähmt wie seit alters den Schritt, und da trottet
Auf der buckligen Straße aus Lavabrocken etwas mit,
Das aufsteht als Busch, als Köter zurückfällt: dein Schatten.
Herrenlos führt er sein Eigenleben, streunt querfeldein
Immer weiter zurück in die Jahre nach Christus und vor … .
Streicht über Wahlplakate, überhört ein *Quo vadis?*
Schlägt sein Wasser ab, Parabel, am letzten Meilenstein
(Graue *columna* wie die an der Brüstung zum Kapitol) –
Vor der Verflüchtigung allen Zaubers am G. R. A.

XXVI

Eine Strandbar in Ostia. Man ißt frischen Fisch. Nur das Meer nebenan
Ist so tot, daß es müde die Wellenwimpern niederschlägt, ausgelaugt.
Im trüben Wasser staksen die Badegäste steif wie Störche umher.
Manche, das Handy am Ohr, starren ins Leere, die Kippe im Mund.
Es gibt keine Krebse hier, Würmer und Schnecken. In diesem Litoral
Wächst kein Kraut, doch der Fuß stößt mitunter auf etwas Weiches.
Ist das der Hitzekoller? Von plötzlicher Sehnsucht überwältigt,
Schließt man die Augen, sieht die Badenden von Cézanne bis Matisse.
Luxe, Calme et Volupté: das war einmal, fernes Europa. Der neue Lido,
Ein grauer Gazastreifen, läßt jeden Tropfen *dolce vita* verdampfen.
Meilenweit Liegestühle, wie zum Appell aufgereiht, eine Grillstation
Für die Fanblocks der Fußballstadien, den Souverän der Arenen,
Dem man die Thermen einst nahm und gab die Kirchen dafür.
Von hier aus stachen die Flotten der Römer in See, um aus Numidien
Den rosa Marmor zu holen, aus dem fernen Schottland die Austern.
Nun brutzelt hier jeder. Mitte Juli: das Jahr steckt tief in der Krise.

XXVII

»Nicht alles stirbt« – sagt ein Spruch, im Vorübergehen gelesen.
So raunt eine Vase (die hohl ist), ein Sockel (der abgeräumt steht).
Woher die Zuversicht im Monolog der körperlosen Stimmen,
Wo alle Logen doch verlassen sind? Der Stein lügt wie gemeißelt.
Vielmehr: er spricht von sich (und nur von sich), wie jeder Stein.
So zeigt dir Rom die kalte Schulter und verhöhnt dich noch
In einem Busenstück Berninis, einem nackten Nymphenrücken,
Von dem das Wasser abperlt seit Jahrhunderten, im Mittagslicht
Zersprüht zu einem Regenbogen, der die Iris leicht blamiert.
Und doch nichts wäre ohne sie. Wir sind, worin sich alles findet:
Ein Katalog der Farben und der Zwischentöne, und ein Inventar
Der Wunderdinge Roms bis hin zur letzten erbsengroßen Gemme.
Wie viele Stadtmomente faßt ein Hirn? Wie viele Straßenszenen,
Die so nie wiederkehrn, verliern sich in jedem einzelnen Archiv?
Was ist die Goldsentenz gegen das unablässige Privatparlando,
Das einmal abbricht wie der Wasserstrahl? – Was stirbt denn nicht?

XXVIII

[Römisches Gewitter 1]

Und plötzlich war da die Wolkenfront: jovisch drohendes Violett,
Das zu Pulverdampf aufquoll, schwarzblau. Ein Schatten kroch
Vom Osten her übers Dach des Postamts an der Piazza Bologna.
Ein Taubenpaar nahm angstvoll Reißaus. Dann fiel der Schuß
In die monumentale Stille hinein, eine Breitseite Mündungsfeuer
Wie aus hundert Haubitzen, und man stand da, vom Donner gerührt.
Ein Eiserner Vorhang ging rasselnd herunter. All die kleinen
Dramen des Alltags waren wie nichts von der Straßenbühne gefegt.
Hastig wurden Fenster versperrt, Rolläden herabgezogen, Blusen
Von Balkons eingeholt. Doch zu spät, da war schon das Rauschen
Allseits, von oben und unten, im Gehörgang: aus innerster Quelle.
Schräg drang er ein, dieser Regen, peitschte, böswillig zeitlos,
Durchs Geäst alter Zedern, die den Krieg überlebt hatten und mehr.
Zuletzt die Verhärtung: Hagel knallte auf Autodächer, brachte
Die Alarmanlagen zum Jaulen. War dies der Weltuntergang –
Ein Sturzbach im Rinnstein, Strudel um Nester aus Piniennadeln?

XXIX

[Römisches Gewitter 2]

Es war: *il diluviale*, der Schrecken der Baumliebhaber und Gärtner.
Kein Regen mehr, eine Orgie in Wasser, ozeanische Lotterie
Mit maximaler Gewinnausschüttung. Roms viele Brunnen wußten
Den Überschuß kaum zu fassen. Die Tritonen spuckten vor Neid.
Gullys gurgelten, Muschelhörner verstopften, steinerne Welsmäuler
Schnappten nach Luft, vom Barock dieser Wolkenbrüche verblüfft.
Lässig zurückgelehnt sahen Flußgötter zu, wie die Plätze zu Seen,
Die Straßen zu Wasserwegen verkamen. Keiner der bärtigen Riesen
Mit den Insignien von Nil oder Tigris rührte die Marmorpranken.
Und was da alles vorbeitrieb! Obstkisten, Strafzettel, Pizzakartons
Und die unsterblichen Plastiktüten, wie sie nach jeder Frühjahrsflut
Vom Gebirge herab in den Uferbäumen am Tiber hängenblieben.
Schwere Schäden richten sie an, die so mythenschwangren Gewitter,
Die nun keinen Empfänger mehr haben als das furchtsame Kind.
Hier noch ein Dachstuhlbrand, da Stromausfall, überflutete Keller –
Ein Aufschrei, den anderntags schon die Motorsäge schrill überstimmt.

XXX

Stell dir vor: sie haben die Venus verbrannt, den Adonis
Kopfüber in ihre Öfen gesteckt und zu Kalk reduziert.
Tag und Nacht standen Mäuler offen, ist dem Moloch
Geopfert worden, das ganze Mittelalter hindurch.
Rom wäre von Statuen voll, jeder könnte sein strenges,
Älteres Double wählen aus einer weißen Geisterarmee,
Hätten nicht Bäcker den Marmor Carraras verbraucht
Für ihre Hütten, ärmliche Mürbeteigkonstruktionen.
So mancher Hermaphrodit wanderte unbeweint
In die Gruben, sein Brand gelöscht wie das Gesicht
Mit dem feinen, zwiefach wissenden Lächeln im Schlaf.
Amputiertes nur wurde, später, in den Kirchen verbaut ...
Daher der Riß durch den Stammbaum, der Pillenknick
In den Filiationen des Schönen. Daher das dankbare
Staunen, wenn wieder ein Musentorso, Maecenas-Kopf
Ans Licht kommt, amnestiert von der heidnischen Erde.

XXXI

Ferragosto, der Härtetest ist gekommen. Die Stadt macht nun schlapp.
Über Nacht hat sie sich Richtung Meer entleert, ihre Kinder verloren
Und schließlich die Eltern. Nur die alten Käuze sind immer noch da.
Geschlossen der Kiosk mit der Auslandspresse. Auch die Markthalle
Pulsiert nur mit halber Belegschaft noch unter den Ventilatoren,
Die langsam den Fischdunst zerschneiden. Arme Tomaten, Melonen:
Wie erschöpft sie in Stiege und Weidenkorb liegen. Alles schwitzt,
Selbst am Haken die Schinkenkeule, die sonst so märchenhaft lockte.
Von Autos befreit sind nun die Wege, am hohen Mittag die Plätze,
An denen ein Säulenrest, ein schiefes Ladenschild, eine Bahnhofsuhr
Die Ausgestorbenheit mißt wie auf de Chiricos verödeten Bilderbühnen.
Nicht nur die Götter sind fort, auch die Gaffer. Nur in den Apotheken
Herrscht Andrang: Schlafmittel werden, Sonnenbrandsalben und Herz-
Tropfen händeringend gesucht! Für manchen ist es der letzte Sommer.
Nachts hört man Körper in Becken klatschen, das Gelärme der Thermen:
Zeit nun für *Africus* und *Austroafricus*, die beiden heißesten Bräute.

XXXII

Angenehm kühl ist den Füßen im Park der Villa der flache Rasen,
Frühmorgens vom Sprengen noch naß. So fängt der Montag gut an.
Die Ferse erinnert sich ihrer Verletzlichkeit, der privaten Iliaden,
Die Hornhaut der Tagesmärsche durch Rom, die aus jedem Besucher
Den Legionär machen bald, einen Meldeläufer zwischen den Zeiten.
Anatomie ist es, der lateinische Name für jedes zerbrechliche Glied,
Was sie alle verbindet zuletzt, die Körper – ihr klassisches Manual.
Woran liegt es, daß man sich so zu Hause fühlt hier?
An der Sonne,
Die durch jedes Altertum imaginäre Linien zieht bis zu uns hin?
Noch glitzern die Tröpfchen am Halm, bald aber brechen sie lästig
Aus allen Poren, zeichnen die *Forma urbis* aufs Polohemd, lassen
Die Stirn fischig glänzen, provozieren die Stiche der Tigermücken.
Auch diese Blutsauger waren schon hier, als Titus am Fieber starb,
Horaz die Pontinischen Sümpfe durchquerte mit einem Treidelkahn.
Sieh, wie im höheren Gras die Knöchel verschwinden, das Mäuschen
Des Wadenmuskels zusammenzuckt bei jeder Berührung mit Kaltem.

XXXIII

Unheimlich die Stille Roms im August. Sind wir die letzten Menschen,
Die den Aufruf verschliefen »Die Stadt wird geräumt«? *Termini* heißt
Das lokale Nadelöhr, durch das die Massen sich zwängen. Der Name
Steht für den Endpunkt – im Raum wie in der Wildnis der Sprache.
Terminus hält die Stellung, wenn Sonne auf alles ihr Eigelb schmiert,
Die Veduten verstauben, und aus den Säulenbasen wird Gorgonzola.
Er setzt die Grenzen, regelt Verkehr und Verhalten, diktiert nebenbei
Die Gezeiten der Großstadt, den Ausbruch von Urlaub und Produktion.
Selten wird eine Geliebte brutaler verlassen als Rom in den Ferien.
Wer hält noch zu ihr, wenn Sommer anderswo spielt, die Stadtmaus
Zur Landmaus wird und zum Lemming, der fortstürzt an ferne Küsten?
Schade, es gibt sie nicht mehr, die Divertimenti auf der Piazza Navona,
Wo die Kutschen durchs Wasser kurvten, von Reifrockdamen beklatscht.
Schluß mit den spritzigen Rokokospäßen, statt dessen jetzt Freiluftkino,
Tenöre in Römerkulissen, Feuerschlucker nachts vor den Palästen,
Die düster dem Exodus trotzen wie den Termingeschäften ihrer Besitzer.

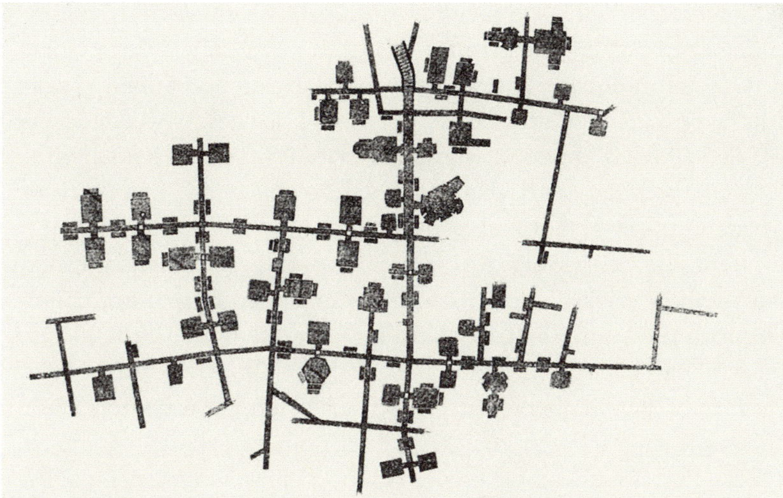

XXXIV

Bei solcher Schwüle, was bleibt einem übrig, als zuletzt sich selbst
Aufzugeben mit allen Prinzipien. Hinab ins Morbide zieht es einen,
In Roms schummrige Unterwelten, treppab, mit den Füßen voran.
Kühler als Kirchenschiffe und Krypten sind nur noch – Katakomben.
Auf sie ist Verlaß, die soliden Endlagerstätten für müde Knochen
Vor den Toren der Stadt, diese Maulwurfsgänge der frühen Christen.
Schade nur, keiner darf hier allein sein im Labyrinth. Immer ist da
Ein kundiger Führer, der die Namen herunterbetet: Priscilla, Calixtus,
Die Symbole erklärt – den Fisch, den Anker, den Hirten mit Lamm.
Furchtbar die Dumpfheit, der Kellergeruch unten im Tuffstein: denk
Dir das Dunkel dazu, nur vom Geflacker der Ölfunzeln durchzuckt,
Das Husten der Grubenleute, wenn sie die Bündel verstauten
Wie Brote im Backofen, die meisten davon herzzerreißend klein …
Wie arm unsereins ist, wie wenig Raum er, bewegungslos, braucht:
Ein Schließfach reicht ihm.
                                        Dort vor den Marmorplatten, ekelhaft naß
Wie von kaltem Schweiß, überfiel dich die Liebe zum Tageslicht.

XXXV
(Tanz der Vampire)

Abscheulich sind diese Mücken. Wie Junkies verschämt
Nähern sie sich, von Aromen gelockt, aus dem Off
Mit ihren dünnen Kanülen, niemals je desinfiziert.
Beim geringsten Luftstillstand sind sie da. Ihr Gesumm
Scheint von überall her zu kommen, direkt aus dem Ohr.
Keiner mag sie, diese Geister der städtischen Tümpel
Und großen Kloaken, die man hektisch erschlägt
Wie vorzeiten den Überbringer der schlechten Nachricht.
An der Wand der Schmierfleck erinnert an sie, die Spur
Vom Gemetzel im Weiß der jungfräulichen Laken.
So tauchen Untote auf. Aus welchem Kapitel
Im Sueton oder Tacitus kroch dieser Insektenstamm,
Bei dem die Weiber mit Blut sich dopen zum Eierlegen?
Degenerierte Geschlechter, die noch die ärmste Taverne
Zur Nacht heimsuchen wie die Brut reicher Römer,
Wie Othos Saufkumpane die Straßen unsicher machen.

XXXVI

Fang irgendwo an: auf der Allee der Gänseblümchen zum Beispiel,
Am Fuß der Treppe zum Capitol, unter den Beinen der Dioskuren
Oder an einem der Plätze, die man in langen Etappen nur überquert.
Überall kann die Stadt einen irritieren, zieht sie dem Landvermesser
Den Boden weg unter den Füßen in seiner Demut vorm Dezimalen.
Eben noch schien alles sichtachsenklar und quadratisch, da fällt
Das Gelände ab an der nächstbesten Ecke. Eine Senke verschluckt
Alle Kuppeln im Häusermeer. Ein Wellental führt unmerklich hinab,
Tief unters Straßenniveau, zum Postament eines Jupitertempels,
Der aus Geröll nur besteht, sein eigener grasüberwucherter Grundriß.
Auf und ab geht die Karussellfahrt, auch ohne Schwan und Delphin.
Rom: ein Phantom des gekrümmten Raums. Schon der Hügel wegen,
So dicht beieinander, steckt die Stadt voller planimetrischer Fallen.
Nicht nur der Schatten kann hier, auch der Sinn für die Gegenwart
Leicht abhanden kommen – tauchte nicht plötzlich der eigene Fuß
Im Museum auf, als Fragment eines Mannes in Marmorsandalen.

XXXVII

Ihr Häuser am Bahnhof, solide Kästen, in denen das Elend tanzt,
Vor euch hab ich den größten Respekt. Ihr beherbergt den Menschen
Der Zukunft, den Flüchtling, den Staatenlosen, der kommt und geht.
Brandmauern zeigen, zerbeulte Stoßstangen, Planken in Autotunneln,
Wie so ein Leben aussieht im Dunstkreis der billigen Pizzerien.
Via Giolitti, das klingt wie das Kreischen gepeinigten Stahls
Bei der Einfahrt der Züge, ein Geräusch, das durch Träume schneidet.
Hier beginnt das Chinesenviertel, die Dealermeile, der Sklavenmarkt,
Ein Ort der Agape im Schatten der Thermenruinen des Diokletian.
Dies sind die Tummelplätze der letzten, die Fors Fortuna regiert,
Die römische Göttin der kleinen Leute.
Brutal die Bescherung,
Die sie den Ihren bereitet im ungesund gelben Licht dieser Straße,
Die nachts zum Abtritt wird, Trinkerheim, tags zur Verladerampe.
Halbe Rinder, zum Großmarkt getragen, halten den Spiegel vor,
Wenn in der Sonne das frisch Geschlachtete aufblitzt und etwas,
Im Herzen ansteigend, zum Hymnus sich weitet des Stadtbezirks.

XXXVIII

»... weil sein kuppelförmiges Dach
die Himmel versammelt.«
Cassius Dio, Römische Geschichte, 53. Buch

Man biegt aus der Gasse und reibt sich die Augen. Da steht er,
Der einzige Bau, der als ganzer fast unversehrt blieb aus der Zeit,
Da Augustus Rom zur Marmorstadt ausrief. Die dunkle Rotunde,
Ein Schlund, saugt noch täglich Tausende durch die Bronzetür an.
Sie müssen den Hochwald durchqueren, die Schattenzone der Säulen,
Die nichts und keinen bezeugen, Monolithen aus solidem Granit.
Auf dem Giebel ein Name. Seltsam, daß dieser eine von allen
Übrigblieb: der Mann, der Kleopatras Träume zunichte machte
Und so den Kaiser erst möglich, den Frieden. Agrippa, der Consul.
Im Innern erfaßt einen Schwindel. Was sind schon Titel, Annalen
Gegen das Loch in der Kuppel, das den Himmel als Pupille fixiert?
Stahlblau oder grau, in den härtesten Beton aller Zeiten gefaßt,
Übersetzt es das Zauberwort *Pantheon* – in hallende Leere.
Den Raum, ein Schwimmbad dem Lärm nach, kein Tempel, belebt
Heute Kindergeschrei, Geschlurfe der Schuhe auf der gewölbten
Drehscheibe aus Marmor, die alle Wasser Babylons ablaufen läßt.

XXXIX

Und so geht es weiter: Man schaut auf zur Decke, sucht einen Halt
Unter der Kuppel, die an Bunker und Westwall erinnert mit ihren fünf
Kassettenreihen, konzentrisch geordnet auf dieses rohe Loch hin.
Das Kind im Sommer, von den Eltern auf Rom-Tour hergeschleppt,
Mag an die Halbkugeln denken, die der Eismann der Waffel auftürmt.
Die andern beschleicht ein Verdacht hier im Schädel des Architekten:
Sie ahnen den Wahn geometrischer Perfektion, kommen der Angst
Vor dem offenen Raum auf die Spur, der Erstarrung in Proportionen.
Da sind die Luken, aus Furcht vorm Sternenlicht zugemauert, da ist
Der Boden, aus Quadraten und Kreisen sein Muster, spiegelnd poliert.
Nichts ist hier unbestimmt, schwankend.
In so vollkommener Blase
Fühlt man den Knochenbau anders, steht wie der Mensch bei Vitruv
In der Mitte der Kugel, aufrecht als Zirkel. Und spürt so erst recht
Die eigne Exzentrik bis in die Fingerspitzen. Gut, daß es draußen
Schon dämmert: so tritt das Bruchwerk hervor, kriecht in Nischen,
Aus denen sonst Götter strahlten, das gestaltlose, lückenfüllende All.

XL

Einmal, lange nach Mitternacht, wird Rom still. Die Stadt atmet aus.
Das Soufflé aus Gelärme fällt in sich zusammen mit einem Seufzer,
Der die Wohnblocks frösteln läßt, tief in den Gräberstollen verhallt.
Am Claudinischen Aquädukt, das nur der Himmel mit Wasser speist,
Hat sich ein Türkenmond festgehakt. Sein Sparlicht reicht hin,
Den kalten Pfeilern am Palast der Arbeit die Geometrie zu versüßen.
Mit Honig gefüllt sind am faschistischen Wabenbau nun die hohlen
Loggien; an der Piazza Farnese die Wannen aus poliertem Granit,
In die wir so gern gestiegen wären im Sommer, uns abzukühlen.

Nun ist es zu spät dafür. Verpaßt ist der äquinoktiale Moment,
Die Stunde des Ausgleichs von Nord und Süd, Gehen und Bleiben.
Wie absurd das ist, hier zu sein – in der berühmten urbanen Senke
Zwischen allen Extremen historisch erfüllter Zeit.
Schräg hing sie,
Die Waage, im Fenster der limonengrün leuchtenden Nachtapotheke.
Wir aber gingen vorbei ohne Bedauern, zwei Sterbliche, kerngesund,
Die nun wußten, wie aussichtslos Dauer war vor dem Hintergrund Roms.

XLI

Beim dritten Meilenstein war es, unter den bleichen Ochsenschädeln
Am Grab der Metella, daß Zeit ihre Streiche spielte. Regen
Hatte das Pflaster poliert, den Travertin am Turm blank gewaschen.
Nun war der Himmel erhöht. Fern wuchs aus den Wolkenzügen
Eine neue Trabantenstadt, älter als *Roma aeterna*, futuristisch-antik.
Aus ihr traten Riesenskulpturen, die sich als Kinomonster erwiesen:
Farnesische Stiere, ein Herkules, der als King Kong weiterstürmte,
Bevor ihn ein Flugzeug durchbohrte auf seinem Weg nach Ciampino.
Am Boden rückten Ameisenheere einem Nestling zu Leibe, der dort
Über Bord gegangen war, sehenden Auges.

Ein japanisches Paar
Suchte ein Photomotiv, wie Goethe vorzeiten den Ort zum Zeichnen.
Groß war die Welt, ruhlos bis zur letzten glitzernden Fahrradspeiche,
An der man sekundenlang hing. Dann kam die Lerche, brachte alles
Ins Lot mit ihrer Flugschau über den grünen Totenäckern ringsum –
Roms rauhe Geschäfte, die Verwüstungen, die noblen Mementos
In Stein, und diesen Dienstag Anno Domini zweitausendneun.

XLII

»Süß ist das Dunkel nach Gluten des Tags!«
Conrad Ferdinand Meyer, Auf Ponte Sisto

Nicht zu verwechseln ist sie. Im mittleren Pfeiler das große Loch,
Ein Maul, das die Wasser des Tiber bei Überschwemmung schluckt,
Markiert schon von weitem die Brücke des Philosophenkaisers.
Wieviel Dreck aller Zeiten, Abschaum, ließ sie stoisch passieren?
Vom Gebirge her wälzt sich die Lymphe. Sie aber steht da gespannt
Mit Raubkatzenrückgrat, sehnig die Flanken: ein steinernes Tier.
Auf seinen Pranken, den Sockeln, von schlammigen Fluten umspült,
Sammeln sich Flaschenscherben, Reliquien eines launischen Kults,
Der das Opfern von Alkoholika vorsieht.
Im Schutz der Bögen
Nächtigen Obdachlose, erdbraune, wetterfeste Eremitengestalten.
Einer, ganz Diogenes, hat sich aus Plastikplanen ein Zelt aufgebaut.
Oben schlendern Paare vorüber, zischeln wie Schlangenbeschwörer
Die Taschenverkäufer den Damen zu. Ein Junge spuckt in den Fluß,
Der das Bauwerk verewigt in lauter flüchtigen Abziehbildchen.
Da kommt eine Nymphe in Jeans, eine, die im Verwandeln sich ziert,
Vom September gefangen, vom Licht, von der Sprache dissimiliert.

XLIII

Eßkastanien kollern über die Wege – Seeigel, an Land geschleudert
Und braun gefärbt, wie zum Beweis: jetzt gibt Oktober den Ton an.
Subkutan kommt der Wandel, als Kriechstrom von Kälte beim Anblick
Des verschlossenen Gittertores, der Reihe kahler Platanen im Park.
Nun läßt dieselbe Treppe aus Peperin, gestern noch sonnengetränkt,
Den Buckel frösteln mit ihren kalten Scharten, die Zeit ihr schlug.
Man möchte sie streicheln, in Decken hüllen, die Amazone zu Pferde
Mit ihrer einzigen Brust, die Arme, ein Denkmal der halben Republik.
Umsonst spuckt das Wolfsmaul am Straßenbrunnen: keiner hält mehr
Die Stirn unter den eisigen Strahl, oft im Sommer das letzte Labsal.
Verdutzt spielen einzelne Königspalmen noch immer den Ventilator
Bei jedem Luftzug aus Kühlschrankfächern. Der Lorbeer erschauert.
Bald ist sie sturmreif, die Stadt, auf deren Plätzen nun mehr denn je
Männer in Schwarz und Braun dominieren, die Fußsoldaten des Herrn.
Laub treibt, wie Titelblätter zerknüllt, an den Tiberufern entlang
Zum Petersplatz, wo im Herbst einst die Bücher des Bruno brannten.

XLIV

Am Bahnhof *Termini* empfangen Zyklopenmauern
Den Ahnungslosen, der vom Heiligen angelockt kam.
Alles wird er hier finden: Richtstätten und Folterkammern,
Kirchen, groß wie Kasernen, Verschwendung im hohen Stil.
Das Himmelbett, in dem Päpste Nymphomaninnen zeugten,
Im Carcer die Grube für den menschlichen Abfall.
Nur eins nicht: den friedlichen Ort für die stille Einkehr.
Kein Kreuzgang bleibt von den Invasionen verschont,
Kein Klosterhof, von Morgenlicht angefüllt wie ein Trog.
In der hintersten Friedhofsecke schnauft im Gebüsch
Auf allen vieren ein Paar.
Herrlich gewaltsame Stadt! –
In der selbst Nacktheit einen bedrohlichen Anstrich hat,
Wenn der Stein porös wird, das Fleisch roh zutage tritt.
Der Verkehr bezeugt es noch, triebhaft und aggressiv:
Hier hat das Puppentheater gespielt, die große Burleske
Von Cäsar und Cicero, Cato, Crassus und Catilina.

XLV

Montagmorgens ist die Metro vollgestopft. Laß alle Hoffnung fahren.
Geh zu Fuß die letzte Pilgerstrecke, sie ist kurz. Auch innerhalb –
Führt noch jeder Weg nach Rom, macht das Zentrum zum Phantom.
Einen Nabel zeigt man dir am Forum, Opfergrube oder Ofenloch,
Der als Mittelpunkt der Welt galt – wenigstens bis gestern.
Heute
Hat die Stelle was von regem Flugverkehr, Gewimmel, Bienenstock.
Abgewaschen sind die Kerkermauern, leer gefegt die Sarkophage.
Konzentriert kniet da im Staub die junge Archäologin, pinselt
Zärtlich Mosaiken frei, hält im Pinzettengriff die losen Steinchen.
Und wofür? Daß morgen neu die großen Augen der Eroten leuchten,
Unterm Wasserstrahl am Grund die Iris blüht in vierzig Farben.
Orpheus kommt zum Vorschein so. Und Bruder Arion, den Delphine
Aus dem Meer in die Paläste reicher Römer trugen, untern Speisetisch.
Seine Spur verliert sich nebenan im Restaurant, wo in der Glasvitrine
Auf dem Eisbett ein lukullisches Vermögen liegt – zum Tagespreis.
Heimwärts, unter lauter U-Bahn-Fahrern, schließt er sich, der Sagenkreis.

XLVI

... müssen wir dann nicht unter den großartigen Bauwerken
die durch ihre phrygischen Säulen bewundernswerte Basilika
des Paulus anführen, das Forum des vergöttlichten Augustus
und den Tempel des Friedens des Kaisers Vespasianus ...
die schönsten Werke, welche die Welt je gesehen hat?
Plinius, Historia Naturalis, 36. Buch

Wer trägt sie denn, die Last des Kirchenbaus? – Antike Säulen:
Man sieht sie überall versklavt, die Kapitelle stumm ins Dunkel
Gebeugt wie abgeschürfte Schultern, Jocheisen eines fremden Kults.
Wenn der Kastrat die Psalmen sang, sah er mit Mitleidsblicken auf
Zu den gekappten Eierstäben, den gebrochnen Widderhörnern.
Das war nicht mehr der Wandelgang, den in Gedanken ein Ovid
Zu Ende ging, frivol und fromm, Märtyrer seiner Liebeskunst.
Vergessen ist der Ochsenkarren, der sie hertrug, und die Schinderei
Im Staub der Marmorbrüche, Muskelwerk, das viele Leiber kostete.
Wovon die Seelen nunmehr profitieren, wahre Kletterpflanzen,
Die an den Kanneluren sich nach oben ranken, vertikal verspannt.
Basilika: auch dies ein Wort, das einmal andre Räume öffnete
Als jene Sammelhallen mit dem Beichtgestühl, den harten Bänken.
Geldwechsler schwärmten um die Plinthen, Advokaten hielten Hof.
Ein reges Leben herrschte. Dann der Szenenwechsel: Abendmahl.
Die Steine wandern. Auf die Thermenkuppel wird das Kreuz gepflanzt.

XLVII

Es ist gekommen, wie er es befürchtet hatte. Polizei
Ersetzt in Rom nun Messerstecherei. Vor jedem Kaufhaus
Gräbt man Antike aus. Studenten führen durch den Schutt
Und käuen auf dem alten Kuhfeld ihre Referate wieder.
Auch die Campagna wird nun zugeklotzt mit Fertighäusern,
Kein Streifen Sumpfland blieb den Fröschen.
Wer so spricht?
Ein Zugereister aus dem Norden, Humboldts jüngstem Troß.
Die Schatten sind vertrieben. Grell als Drehort ausgeleuchtet
Ist jeder wüste Flecken, den das Mondlicht einst hofierte.
Davor das Kassenhäuschen zeigt, wohin die Reise geht –
In eine Kinoleinwand, zwischen Säulen ausgespannt,
Auf der im Circus Maximus die Wagenrennen rasseln
Um einen Preis, hoch auf den Wendekegeln balancierend,
Produkt des Tages: eine riesige *Lavazza*-Tasse.
Wir aber schaukeln uns hinauf ins Himmelsblau,
In einem Licht, das jeden hier zum Prominenten macht.

XLVIII

»Was treibt der Papst?...«
Giuseppe Gioacchino Belli, Die Sonette, No. 1706

Hinterm Vatikan, im Schatten hoher Staatsgefängnismauern,
Gibt es Ecken, wo die Stadt wie abgeschnitten wirkt, novemberkalt.
Letzte Zuflucht ist dann eine Bar, die süße Schwärze des *Averna.*
Dies Gesöff allein noch spendet Trost. Man blickt sich um und sucht
Durch den Höllenlärm ein dunkles Augenpaar zum Weiterträumen.
Triste Typen stehn da um die Theke, schwadronieren über alles
Unerreichbar Ferne: Gott, die Liebe. »Meine Frau, der Satansbraten!«
Auf dem Tisch die Zeitung spuckt das Foto der regierenden Kanaille,
So wie jeden Tag, den Wählern ins Gesicht. Die schert das nicht.
Über ihnen thront der Klerus wie zu Meister Bellis Zeiten
In den prächtigsten Büros, schleicht durch den Apostolischen Palast.
Gärten gibt es da, verschwiegen, wenn beim Schmieden der Intrigen
Manchem Sekretär ein Fluch entfährt, der Dantes Teufel überbietet.
Nachher rauschen sie zur Messe, in soutanenschwarzen Limousinen.
Nur das Fußvolk hüpft wie Krähen durchs Gewühl, übt sich in Geduld,
Sucht das Lichtlein, wo ein Tunnel führt in Caravaggios Welt der Plebs.

XLIX

Dann kamen die Starenschwärme, lange kreisend am Abendhimmel,
Flugschreiber des sinkenden Lichts, der wechselnden Wetter im Herbst.
Emissäre waren sie aus dem Eisesnorden. Wie sie wär man gern
Von oben her eingefallen in den Park mancher unzugänglichen Villa.
Dort tollten sie lange durchs Geäst der dichtesten Pinien, lärmten
Und spielten verrückt, Mönche vom Bettelorden zur letzten Krume.
Wie beneidenswert, so im Sturzflug auf Kieswege hinabzustoßen
Oder Rom aus der Vogelperspektive zu nehmen, im Erobererstil.
Dabei suchten sie nichts als ein wenig urbane Thermik, verwandelt
In Strömung und Abglanz, wenn vorm Rosé der Wolkenschraffuren
An einem Himmel, von Turner gemalt, ihre Aureolen erschienen.
Ein Schleiertanz war das, Kunststück Tausender koordinierter Punkte:
Etwas wie Glockenklang, in Umrissen sichtbar über den Kuppeln.
Und nachher waren die Autos bekleckert. Pech für den, der dann weiß
Gesprenkelt dastand, vom falschen Schnee überrascht. Um Mitternacht
Kehrte Ruhe ein auf den Bäumen der Stadt – ihrem Obdachlosenasyl.

L

»Sei gegrüßt, du Gnadenreiche.«
Lukas 1,28

Feuchtkalt war die Spanische Treppe am Tag von Mariä Empfängnis.
Jetzt saß da keine mehr auf den Stufen. Doch hoheitsvoll schwamm
Nebenan die Säule mit der schwarzen Figur obenauf in einem Meer
Weißer Lilien und Rittersterne. Oder war alles nur arrangiert
Für den Zweifler, der seiner Wege ging durch die anästhesierte Stadt?
Nun ruhte die Arbeit. Im Winterschritt schlurften die Leute vorbei
An Schaufenstern, in denen Puppen Brautmoden zeigten oder Dessous,
In Sphären des Glanzes entrückt, die keine Enzyklika je erwirkte.
Kehrmaschinen hatten die Gehsteige blank gefegt.
Schwarze Pfützen
Hielten, was letzte Nacht geschah, unter Verschluß: Kameralinsen.
Wieder war Rom aus Rom auferstanden – alles an seinem Platz,
Jedes Klingelschild, jeder Fensterladen, jedes wasserspeiende Maul,
Herausgeputzt für den großen Auftritt vor Fremden. In den Hotels
Waren die Betten bezogen, frisch gestärkt auf den Altären die Tücher.
Woher rührte, am Ort der *cloaca maxima*, dieser Kult der Reinheit,
Der die Gullydeckel blitzen ließ, auf den Abfallkörben das SPQR?

Dezember 2009

LI

Es war der große Pinienzapfen, der am Weg noch fehlte. *Das* Symbol
Für die Grandeur, den Wasserüberfluß, die Fruchtbarkeit der Stadt.
Kurzum: für alles Hiergewesensein, das einen nun für Jahre wärmte.
Denn auch bei Minusgraden fing auf seinen Schuppen sich ein Rest
Von Sonnenlicht und strahlte ab.
                                                  Ein Gong war dieser Bronzeton
In Grün, der weithin hallte und herab vom vatikanischen Plateau.
Was suchten wir dort oben in den Sälen, nebenan im Belvedere?
Gewiß nicht ihn, den Pfeil des Mördergotts, längst außer Sicht,
Der einen Unbeteiligten ereilte (was gut griechisch Schicksal hieß).
Und auch nicht ihn, den Arm Laokoons, von einem Kenner angefügt
An die geschleifte Schulter – alles Teile eines Mythen-Puzzles,
Das draußen in den Menschenleben variierte, vielfach unerkannt.
Wir folgten nicht dem Seelenführer, nicht der Venus mit dem süßen Po,
An dem so viele sich vergriffen hatten, daß der Marmor Lardo wurde.
Statt dessen glitt der Blick, ein Mäuschen, fluchtbereit, so oft es ging,
Hinaus auf dieses Hügelgrab im Stadtformat, aus dem das alles kam.

LII

Fontäne im strömenden Regen: da wird das Rauschen zum Rausch,
Der den Hügel erfaßt, Gianicolo, Balkon mit der Aussicht auf Rom.
Das Grau der Wolkenmassen grüßt zur Feier des Wassers die graue,
Verwitterte Schaufassade, hebt sie im Ansehn, steigert ihr Strömen.
Das Jahr ist zu Ende, aufgebraucht. *Fine dell'anno* ... Und es gibt
Keine Wiederkehr all der herrlichen Augenblicke.
Hier aber stürzt
In breitem Schwall aus fünf steinernen Luken die Acqua Paola –
Zum Zeichen der Dauer, des fluiden Zusammenhangs alles Urbanen.
Die Drachen bekunden ihn und die Adler, am Prunktor die Inschrift:
Den Triumph des Ernährers, seinen gewundenen Weg in die Stadt.
Den halben Platz hält das Becken, ein See im kleinen, vor dem wir
Unter Regenschirmen verharrten, von Pfützen umgeben, vom Wind
Am Sprechen gehindert, in einer stummen Orgie aller fünf Sinne.
Tropfen frischten die Patina der gestrichelten Wellen auf, schrieben
Ein pointillistisches Manifest in die naßkalte Luft. Sprühregen taufte
Den Bau – ein barockes Denkmal für alle Wasserwerke der Welt.

LIII

Gib mir, der ich über die Erde irre,
einen glücklichen Hafen.
Proklos, Hymnen 7,35

War dies der Hafen, den er schließlich fand? Am Tiber,
Der so nicht hieß zu seiner Zeit, ein ruhiger Landeplatz?
Ein Sarkophag zeigt den Moment: Odysseus entert Rom.
Aufrecht am Heck, der König der Vertriebenen, Durchtriebenen –
An seinem Kegelhut aus Filz erkennbar, und mit einem Satz
Ist er am Ufer und der neue Herr des Stroms.
Denn das war seine Art: Geschichte auf Kommando
Herumzureißen wie ein Ruder. Die Gefährten schauen,
In Ostia landend, auf und finden eine Marmorstadt
Mit ihren Tempeln, schiefen Türmen, Toren in der Hand
Von nackten Göttinnen und Riesenfrauen.
Eroten schaukeln ihren Babyspeck, das puttige Abdomen,
Auf kleinen Barken oder tauchen, eine fröhliche Eskorte.
Der Flußgott reißt den Mantel hoch, und als ein Omen –
Zu bleiben, schwirrt ein Adlerpaar gen Himmel: Dies der Ort,
An dem die Reise enden soll. Und Ariadne hat
Den Fuß ans Steuerholz gestemmt und stoppt die Fahrt.
Jetzt ist er da. Ist angekommen, fern von Ithaka
(Wo keiner ihn mehr kennt und niemand ihn erwartet)
In einem rauhen, vielversprechend räuberischen Land.
War dies der Hafen, den er schließlich fand?

JUVENAL
DIE DRITTE SATIRE

Ganz durcheinander bin ich vom Weggang des alten Freundes.
Und muß ihn doch loben: nach Cumae, dem menschenleeren,
Macht er sich auf, der Sibylle wenigstens einen Bürger zu schenken.
Ein liebliches Seebad dies, immerhin, auf halbem Wege nach Baiae,
An reizender Küste. Mir ist selbst Prochyda lieber als die Subura.

Denn welcher Ort ist so elend, welcher so einsam, daß er nicht
Vorzuziehn wäre den Schrecken der Feuersbrünste, dem Horror
Von Häusern, einsturzbedroht, den vieltausendfachen Gefahren
Dieser Stadt – und ihren Dichtern, die selbst im August rezitieren?

Ein kurzer Halt nur, solang er den spärlichen Hausrat verzurrte
Auf klapprigem Reisewagen unter der tropfenden Porta Capena
(Numa vorzeiten traf nachts hier die Freundin zum Rendezvous):
Jetzt wird die heilige Quelle, der Hain mitsamt Tempel, vermietet
An Juden, die mit dem heugefütterten Picknickkorb pilgern hierher,
Wo jeder Baum Befehl hat, Rendite zu zahlen dem römischen Volk,
Und der Wald muß betteln gehn seit dem Exodus der Camenen.

Von hier aus hinab ins Tal der Egeria stiegen wir zu den Grotten,
An denen nichts mehr ist, wie es war. Wieviel mehr Aura
In den Wassern die Gottheit hätte, wenn grüne Schilfufer hier
Die Wellen umsäumten und nicht Marmor den Tuffstein entstellte.[1]

1 *Zwei Stichworte nur aus der Exposition seien aufgegriffen. In Zeile 4 wird der berühmte Badeort* Baiae *erwähnt, das Ziel aller römischen Sommerfrischler, am Golf von Neapel gelegen, den sie damals den »Wonnekessel des Imperiums« nannten. In solchen Kosenamen klingt etwas vom unendlichen Luxus der antiken Bäderkultur an. In Reichweite der Schwefelquellen entstanden damals die prächtigsten Villen; von ihnen aus hatte man einen Blick auf den »goldenen Strand der Venus«, wie die Küste um Baiae damals in verlockender Eindeutigkeit hieß. Doch nicht in die Luftkurorte der Superreichen zieht es den traurigen Helden dieser Satire, er wird nur bis Cumae kommen, dorthin, wo einer alten Überlieferung zufolge der Eingang zur Unterwelt lag.*
Ein Wort über das Transportmittel, mit dem Umbricius sich aufmacht. Der klapprige Reisewagen aus Zeile 10 ist die raeda, *das gewöhnliche vierrädrige Reisegefährt für mehrere Personen mit nur wenig Gepäck. Ein Exemplar dieses Fahrzeugs läßt sich im Römisch-Germanischen Museum zu Köln besichtigen, eine hübsche Replik*

Da nahm mich Umbricius beiseite: »Weil für ehrliches Handwerk
Kein Platz mehr ist in der Stadt«, sprach er, »weil echte Leistung
Kaum noch sich auszahlt, und täglich schrumpft dein Besitz,
Bis du eines Tags mittellos dastehst – hab ich endlich beschlossen,
Fortzugehn dorthin, wo Daedalus müde die Flügel zusammenklappte,
Solange mein Grauhaar noch strahlt und ungebeugt ist mein Alter,
Solange Lachesis ein Rest bleibt zum Spinnen und ich zum Gehen
Noch kein drittes Bein brauch, sprich, den Stock in der Rechten.
Fort aus der Vaterstadt will ich! Mag ein Artorius hier, ein Catulus
Leben in Saus und Braus – sie, die Schwarzes in Weißes verdrehen,
Günstig Bauaufträge ergattern und schlagen aus Flüssen Profit, Häfen,
Aus dem Geschäft mit Fäkalien, der Leichenentsorgung und wenn sie,
Bankrotte fingierend, die eigene Haut unter den Hammer bringen.

Ehemals kleine Trompeter vom Lande, Claqueure in der Arena
Bei den Gladiatoren, als Großmäuler in jeder Kleinstadt verschrien,
Sind sie jetzt selbst Promoter, die immer gern, kaum hebt der Pöbel
Den Daumen, töten lassen für einen Applaus. Und als nächstes
Pachten sie dann Latrinen: und warum auch nicht? Die Welt

aus Fichtenholz, die etwas von einer Saunakabine auf Rädern hat, an der alles Nachbau ist bis auf die originalen Bronzebeschläge. Bei aller primitiven Robustheit und mangelnden Federung (man bekommt schon vom bloßen Hinsehen Rückenschmerzen) unterscheidet sich so ein Rumpelgefährt doch kaum von einer gewöhnlichen Postkutsche, wie sie zu Byrons und Goethes Zeiten auf allen Landstraßen Europas im Einsatz war. Der Klassizist auf Italientour konnte die Reisebeschwerden eines Umbricius also besser nachempfinden als der lateinlesende Student von heute, unterwegs im Greyhound, der Altphilologe auf Familienurlaub im VW-Campermobil. Zweitausend Jahre hatten die Erfahrungen der Menschheit dank relativ gleichbleibender Verkehrsmittel nicht auseinanderreißen können, erst in unserer Zeit wurde es ernst.

Daß man bei einer raeda *(ein keltisches Lehnwort) leicht unter die Räder kommen konnte, ist dem deutschen Ohr unmittelbar eingängig. Unser Rad ist direkt aus dem lateinischen* rota *zu uns gerollt, während die* raeda *im Reiten weiterlebt. Eine solche Armeleutekarosse ist es nun, die den Großstadtmüden aufs Land bringen soll. Wenn er denn je dort ankommt … Man muß sie sich wie das Requisit auf einer Bühne im Hintergrund vorstellen. Die Zugtiere scharren mit den Hufen, während Umbricius seinen Freund Quintus ein letztes Mal beiseite nimmt.*

Gehört ihnen. Das sind die Leute, die Fortuna, nur so zum Spaß,
Aus dem Dreck emporspült auf den Gipfelpunkt der Gesellschaft.

Was soll *ich* noch in Rom? Lügen kann ich nicht, schlechte Bücher
Zum Loben mir auszubitten, das schaff ich nicht, und die Wege
Der Sterne sind mir ein Rätsel. Vorauszusagen, wann der Herr Vater
Abkratzt, will und kann ich nicht; das Gekröse der Kröten hab ich
Niemals studiert; und der Gattin Briefchen vom Ehebrecher
Zu überbringen, verstehen andre, ich nicht. Mit meiner Hilfe
Macht keiner je Beute, auf mich kann keiner baun als Komplize,
Denn als Langfinger bin ich ein Krüppel, ein nutzloser Körper.

Wen schätzt man denn heute? Nur den Mitwisser und jenen, dem
Das Maul überläuft von Klatsch und gut gehüteten Schweinereien.
Aber nichts ist dir schuldig, nichts bist du demjenigen wert,
Der mit dir ein Geheimnis auf Ehre teilt – nur unter uns.
Lieb und teuer ist solchem Verres, wer seinen Verres zu jeder Zeit
Anschwärzen kann.
                                Doch ist aller Goldsand des schattigen Tagus,
Der Schatz, den er meerwärts wälzt, nicht wert, daß du nachts
Schlaflos liegst und Bestechungsgeld, das du gleich wieder los wirst,
Lustlos einstreichst, und doch traut dein Gönner dir nie übern Weg.
Welcher Clan heute bei unsern Neureichen beliebt ist und zu wem
Ich auf Abstand geh, kann ich dir ganz genau sagen, ich nehme
Kein Blatt vor den Mund: unerträglich sind mir, ihr lieben Bürger,
Diese Griechen in Rom.
                                Doch das Achäer-Gesindel ist nur das eine.
Längst ergießt in den Tiber sich Syriens Hauptstrom Orontes,
Und mit ihm die Sprache, die Sitten, und orientalische Saiten
Werden nun aufgezogen zu wildem Getrommel und Tibia-Geflöte
Und halbe Kinder auf den Strich geschickt in den Zirkusgewölben:
Nichts wie hin, wer die Ausländerhure braucht mit der bunten Mütze!

Selbst der Bauer trägt heut seinen Fummel, Quirinus, und am Hals,
Der von Wachssalbe glänzt, Medaillons mit dem Bildnis der Nike.
Der eine kommt aus Sikyon, dem Bergnest, aus Amydon ein andrer,

Dieser von Andros, jener von Samos und einer aus Tralles, Alabanda:
Zum Esquilin zieht es sie alle, zum vornehmen Weidehügel hinauf,
Um dort Liebling zu werden der großen Häuser und ihrer Herren.
Flink ist ihr Geist, hoffnungslos dreist, und schnell stürzt die Rede
Über die Zunge, wilder sprudelnd als bei Isaeus.
Sag mir, was hältst du
Von denen? Jede Art Mensch hat er mit sich bei uns eingeschleppt:
Den Grammatiker, Rhetor, Mathematiker, Maler und den Masseur,
Den Wahrsager, Seiltänzer, Medikus, Zauberer, auf alles versteht sich
So ein hungriges Griechlein. Beorder ihn himmelwärts: er tut auch dies.
Und richtig, es war ja kein Maure, kein Thraker, Sarmate, der sich
Ins Federkleid warf, sondern einer, geboren im Zentrum Athens.
Soll man nicht abhaun vor diesen Purpurhemdchen? Darf etwa vor mir
Sein Siegel setzen und auf den besseren Plätzen bei Tische liegen,
Wen derselbe Wind hertrieb nach Rom wie die Pflaumen und Feigen?
Ist es denn gar nichts mehr wert, daß wir als Kinder die gute Luft
Draußen am Aventin atmeten und die Sabiner-Olive uns nährte?

Und diese Brut raffinierter Schleimer bringt es fertig und lobt
Das Geschwätz des Ungebildeten, des Patrons deformierte Visage
Und vergleicht den Gurkenhals eines Invaliden mit dem Nacken
Des großen Hercules, der den Antaeus vom Erdboden stemmt,
Und bewundert das dünne Stimmchen, das so erbärmlich krächzt
Wie das des Ehegatten, der seine Henne tritt und sie zärtlich beißt.
Gewiß, Lobhudelei steht auch uns frei – nur: denen nimmt man sie ab.
Kein Komödiant versteht sich besser darauf, wenn er die Thais,
Die Matrone gibt oder Doris, die Magd, die als einzige nicht
Ihr Mäntelchen trägt. Und man meint schon, daß hier die echte Frau,
Nicht der Schauspieler spricht: Glatt und eben, denkt man, ist alles
Unter dem Bäuchlein, und offen darunter die so ganz andere Ritze.
Und bei alldem macht weder ein Antiochus Eindruck auf sie
Noch etwa ein Stratocles, ein Demetrius oder der dickliche Haemus:

Völlig aus Witzfiguren besteht die Nation. Du kicherst – er wird
Explodieren vor Lachen. Dem Patron tränt das Auge – er flennt,
Dabei tut ihm nichts weh. Du suchst ein Feuer zur Winterszeit,

Ihm reicht man das Plaid. Du sagst: *mir ist warm* – er aber schwitzt.
Nein, denen ist keiner gewachsen. Karriere macht, wer unermüdlich
Bei Tag wie bei Nacht dem fremden Mienenspiel anpaßt die eigne
Visage, bereit, auf ein Zeichen Applaus zu spenden und *Olala!* –
Wenn der Herr lauthals rülpste und, mit gezieltem Strahl pissend,
Den goldenen Nachttopf zum Kippen brachte mit Furzgeräusch.
Dabei ist nichts ihm heilig, nichts ist sicher vor seinem Schwanz:
Nicht die Mutter des Hauses, die jungfräuliche Tochter und selbst
Der Verlobte, noch bartlos, und der kaum geschlechtsreife Sohn –
Und wenn das alles nichts hilft, legt er zuletzt die Großmutter flach.
Denn das heißt erfolgreich sein: man knackt das Familiengeheimnis.

Und da ich schon einmal bei den Griechen bin: vergiß ihre üblen
Gymnasien, hör von der Schandtat einer Größe in Philosophentracht.
Ein Stoiker brachte Barca, den Patron, durch Meineid an den Galgen,
D. h. den Schüler der Greis, dereinst an jenem Flußufer aufgepäppelt,
An dem das Flügelroß aus dem Blut der Medusa Federchen ließ.
Hier ist kein Platz mehr für echte Römer, wo den König spielt
Jemand, der Diphilus heißt, Protogenes oder Hermarchus,
Der seinen Herrn schon aus angeborener Bosheit mit keinem je teilt:
Alles rafft er für sich. Kaum läßt er in das willig geöffnete Ohr
Etwas Gift nur aus seiner Heimat, seiner Wesensart tröpfeln –
Gleich wird man verscheucht von der Tür, und hin sind die Jahre
Der Selbstversklavung. Was macht das schon – ein Klient weniger?
Und wie er sich anstrengt, der Arme, unhöflich zu sein, und schau,
Welchen Aufwand er treibt: Nachts noch wirft er sich in die Toga
Und wetzt los, weil der Praetor dem Liktor schon Beine macht,
Denn längst sind die einsamen, alten Damen in ihren Betten wach:
Daß nur keiner vor ihm da ist zum Frühappell bei Albina und Modia.

Soweit sind wir, daß neben früheren Sklaven der Freigeborne nun
Antanzt. Und jener zahlt spielend, was so ein Vier-Sterne-General
Im ganzen Jahr kaum verdient, für eine Calvina oder Catiena,
Nur um ein, zwei Mal auf ihr abzuzappeln, während du, angelockt
Von der Fresse des Hurenleders, das nicht mal nackt ist, dich quälst:
Soll ich mir diese Chione von ihrem Präsentierhocker pflücken?

Stell einen Zeugen, und wär er so heilig wie der Herbergsvater
Der Gottheit vom Ida, und träte selbst Numa vor oder der eine,
Der aus dem brennenden Tempel das wankende Pallasbild rettete,
Gleich heißts: wieviel Geld macht der? Denn als letztes zählt hier –
Der Charakter. »Wie viele Sklaven ernährt er? Wie viel Ackerboden
Gehört ihm? Wie viele Platten tischt er auf, und wie groß sind die?«
Je größer der Münzenberg, den einer in seiner Truhe verwahrt,
Um so seriöser der Mann. Da kannst du schwören bei den Altären
Samothrakischer Götter und wirst noch verhöhnt: Denn wer arm ist,
Braucht den Blitz nicht zu fürchten, die Götter verzeihen ihm alles.
Bietet der Arme nicht allen Gesprächsstoff und immerfort Anlaß
Für faule Witze? Seht, den zerfetzten Kapuzenmantel, wie häßlich,
Die schmutzige Toga, und wie an einem der Latschen das Leder
Durchgewetzt klafft, und das grobe Unterzeug ist voller Flicken,
Frisch genäht, noch mit Faden, die Wunde, und nicht nur die eine.[2]

Ein Unglück ist Armut, doch nichts an ihr ist so hart wie dies:
Daß sie den Menschen lächerlich macht. »Verzieh dich«, zischt man.
Wer Anstand hat, räumt im Theater die Sessel der feinen Pinkel,
Wenn sein Erspartes nicht reicht. Die Plätze sind reserviert
Für die Söhne von Kupplern, gelaicht in irgendeinem Bordell.
Hier amüsiert sich das schnieke Söhnchen des Auktionators frech
Mit der Brut von Helmbuschträgern und Gladiatorenstallmeistern.
Dem Hohlkopf Otho sei Dank: es ist sein Gesetz, das uns trennte.
Wer will schon einen zum Schwiegersohn, der vor der Brautmitgift
Finanziell abschmiert? Welcher Habenichts wird je offiziell Erbe?

2 *Es geht, wie wir gehört haben, auch um Feinheiten der käuflichen Liebe, wie in Zeile 135, wo von den* vestiti scorti *die Rede ist. Ein Wort wie* scortum, *das zugleich Leder und Hure bedeutet, bestätigt, daß die Römer in Sachen Frauenfeindlichkeit nicht zimperlich waren. Gemeint sind an dieser Stelle die etwas vornehmeren, bekleideten Dirnen im Gegensatz zur Klasse jener halbnackten Mädchen, der* nudae meretrices, *die auf den Straßenstrich gingen. Sie waren das billigste Angebot in den Bordellen. Während die einen herumstanden, begrapscht und taxiert, saßen die anderen auf hohen Stühlen und blickten auf ihre Freier herab, mit um so größerer Verachtung, je weniger zahlungskräftig diese erschienen.*

Nicht einmal Schöffe wird der. Und in geschlossenem Marschtrupp
Hätten längst auswandern müssen Roms abgemagerte Bürger.

Rein durch Leistung wird keiner hier was, wo häuslicher Mangel
Den Aufstieg behindert, und in Rom stehn die Chancen
Weit schlechter: Teuer ist jedes Wohnloch hier, und viel Geld
Verschlingen die Sklavenbäuche, teuer ist das bescheidenste Mahl.
Man schämt sich, von Steingut zu speisen – woran keiner sich stört,
Sitzt er zu Tisch bei Marsern oder Sabellern in der Provinz,
Wo man gern vorliebnimmt mit dem blauen Wollüberwurf.
Mal ehrlich: wer legt denn in weiten Teilen Italiens heutzutag noch
Die Toga an außer im Todesfall? Selbst an festlichen Tagen,
Wenn mit großer Würde gefeiert wird im rasenbegrünten Theater
Und auf die Bretter endlich zurückkehrt das allseits beliebte
Gespensterspiel, bei dem die fahle Maske mit dem weit offnen Maul
Das Bauernkindchen das Gruseln lehrt auf dem Mutterschoß,
Trägt ein jeder das gleiche am Leibe, und nichts unterscheidet
Die Orchestra vom einfachen Volk. Selbst im höchsten Ehrenamt
Genügt den hochnoblen Würdenträgern die weiße Tunika.

Nur hier in Rom geht der Chic über jedes Vermögen, und alles,
Was unerschwinglich ist, wird aus fremder Schatulle beglichen.
Es ist ein Fehler, den jeder begeht: Wir alle hier leben arm –
Aber anspruchsvoll.
Ach, wem sage ich das? Alles in Rom hat
Seinen Preis. Was zahlst du, um Cossus begrüßen zu dürfen
Und daß Veiento herabsieht auf dich mit verkniffenen Lippen?
Einer wird eben rasiert, ein andrer legt die Gespielenlocke ins Glas.
Das Haus quillt schon über von Opferkuchen: »Nimm dies noch
Und laß es wie Hefe aufgehn!« Unsereins spendet Trinkgeld,
Wie sichs gehört, und beim feinen Sklaven wächst das Ersparte.

Fürchtet man etwa, fürchtete je im kalten Praeneste den Einsturz
Der Häuser, und in Volsinii, zwischen waldreichen Hügeln, oder
In Gabii, wo es einfach zugeht, und auf den Höhen des steilen Tibur?
Wir aber wohnen in einer Stadt, die sich mit all ihren Vierteln nur

Auf dünne Pfeilerchen stützt. Denn so glaubt der Verwalter den Sturz
Aufzuhalten, und wenn er den Mauerriß einmal zugekleckst hat,
Kann er ruhig schlafen, während uns bald die Trümmer begraben.
Leben kann man nur dort, wo keine Feuersbrunst droht und kein
Nächtlicher Schrecken. Schon schreit nach Wasser, schon schleppt
Seinen Krempel fort Ucalegon, schon qualmt die dritte Etage:
Und du nichtsahnend. Wenn an der Treppe erst Unruhe aufkommt,
Brennt zuletzt der ab, den nur mehr Ziegel schützen vorm Regen
Unterm Dach, wo ihre Eier legen die sanften Ringeltauben.[3]

Nur ein Bett besaß Cordus, für eine Zwergin zu klein, und sechs
Krüglein auf seinem Couchtisch, einen mickrigen Humpen dazu,
Und unter der Platte einen Chiron, liegend, von billiger Machart,
Ferner einen alten Kasten, darin ein paar griechische Bücher,
Und an den göttlichen Oden nagten die ungebildeten Mäuse.
Fast nichts hatte Cordus, wer wußte das nicht? Dennoch verlor
Der Ärmste auch diesen Rest noch. Was aber schlimmer ist:
Niemand wird nun dem Nackten, um Brosamen Bettelnden
Etwas Eßbares spenden. Keiner schenkt ihm ein Dach überm Kopf.

Kracht dem Asturicus aber das Haus ein, dann weint die Matrone,
Staatstrauer herrscht, und die Vornehmsten kleiden sich schwarz.
Dann wird geklagt über den Zustand der Stadt, aufs Feuer geschimpft.
Noch brennt es, und schon eilt jemand herbei, schenkt ihm Marmor,
Bietet Baumaterial an. Nackte Statuen, weiß schimmernd, spendet
Der eine, der andre gibt eine Bronze von Euphranor, von Polyklet.
Diese steuert ein wenig Zierat bei aus Asiens Göttertempeln,
Jener schiebt ein paar Bücher herüber, Regale, eine Büste Minervas,
Einer läßt einen Batzen Geld. Den Vogel aber schießt ein gewisser
Persicus ab, stinkreich und kinderlos, und gewiß nicht zu Unrecht
Verdächtigt, den eigenen Stadtpalast abgefackelt zu haben.

3 *Wunderbar grimmig ist die Vergil-Verhöhnung in Zeile 198:* iam frivola transferet / Ucalegon. *(Schon schleppt / Seinen Krempel fort Ucalegon.) Die Anspielung auf den Untergang Trojas und seine Pathosfunktion in Vergils staatstragendem Epos, der »Aeneis«, ist etwa so beißend wie der Qualm, der beim Dachstuhlbrand aus den baufälligen Mietshäusern drang.*

Könnte man doch vom Zirkus nur lassen, man kaufte in Sora sich
Das beste Haus, in Fabrateria und in Frusino – zu einem Preis,
Für den man hier eine finstere Bruchbude kein Jahr lang mietet.
Dort hast du ein Gärtchen samt der Zisterne, aus der man ohne Seil
Schöpft, mit bloßem Eimer, der dann die zarten Pflänzchen begießt.
Führ nur ein Leben als Freund der Hacke, Pfleger deiner Plantage,
Die leicht eine Hundertschaft Vegetarier beköstigt, Pythagoreer.

Denn darum geht es: auch nur einer einzigen Eidechse Herr zu sein,
In welcher Gegend auch immer, an welchem weit abgelegenen Ort.
Viele der Kranken hier sterben an Übermüdung – die Krankheit selbst
Wird durch Nahrung bewirkt, die unverdaut bleibt und sich festsetzt
In den Gedärmen. In welcher Mietskaserne findet man schon
Nachts seine Ruhe?
Viel Geld brauchts, zu schlafen in dieser Stadt.
Dies ist der Grund aller Übel. Das Rattern der Karren in engen,
Gewundenen Gassen, die Flüche der Treiber bei ihrem störrischen Vieh
Ließen selbst einen Drusus nicht schlafen, nicht einmal den Seehund.[4]
Der Reiche, ruft ein Geschäft ihn, wird durchs Gewimmel getragen,
Sanft über den Köpfen gewiegt in seinem Liburnischen Schiff
Und liest währenddessen, schreibt Briefe oder döst vor sich hin,
Denn zum Schlafen verführt das verhängte Fenster der Sänfte –
Und wird doch Erster sein.
Nur wir, die es eilig haben, zerschellen
Am Menschengewoge. Die Lenden quetscht dir, in rauhen Mengen,
Das Volk um dich her. Da stößt dich ein Ellenbogen, ein Balken dort.
Der eine haut dir ein Brett vor den Schädel, ein andrer ein Ölfaß.
Dick mit Kot bespritzt sind die Beine. Von allen Seiten tritt man dir
Auf die Füße, und des Soldaten Nagelschuh bohrt sich dir in den Zeh.

4 Eripient somnum Druso ... *Zeile 238 ... Ein schöner Beleg dafür, wie mitunter eine Satire die andere zitiert. Das Bild vom Drusus im Tiefschlaf verweist auf die beispiellose Verhöhnung eines römischen Kaisers in Senecas Prosasatire, der »Apocolocyntosis«, das von der Verkürbissung ebenjenes Drusus oder Kaisers Claudius bei seinem Eintritt ins Jenseits berichtet. Wie gewisse Vertreter des sowjetischen Zentralkomitees war Claudius für seine Neigung zum öffentlichen Einschlafen bekannt.*

Sieht denn keiner die Rauchschwaden, wenn da ein Picknick steigt?
Hunderte Freßkumpane, und jedem läuft seine eigene Grillplatte nach.
Ein Corbulo trüge kaum derart ungeheures Geschirr, so viele Sachen
Hoch auf den Kopf gestemmt, wie sie erhobenen Hauptes der arme
Sklave balancieren muß, wobei er im Eilschritt das Feuer noch anfacht.
Zerfetzt wird die Tunika, die eben geflickte. Ein langer Tannenstamm
Nähert sich schwankend auf einem Fuhrwerk, dort bedroht eine Pinie
Auf schwerem Karren, tief herabhängend, das schaulustige Volk.
Denn geht erst, unter der Last ligurischer Marmorblöcke, zu Bruch
Die Achse und läßt auf Passanten niederstürzen den wankenden Berg,
Was bleibt von den Leibern übrig? Wer kann die Knochen, die Glieder
Noch auseinanderklauben? Ein einziger Brei ist, unkenntlich, die Leiche,
Erloschen die Seele.
                                Derweil spült das Hausgesinde schon fröhlich
Die Schüsseln ab, bläst in die Glut unterm Backherd, wetzt lärmend
Die fettigen Striegel, legt die Leinentücher zurecht samt dem Ölkrug.
Hier sind die Sklaven in vollem Einsatz, da hockt längst der Tote
Zähneklappernd am Ufer als Neuling, dem graust vor dem gräßlichen
Fährmann. Doch trägt durch den schlammigen Strudel kein Kahn
Den Unglücksraben: Das Lösegeld fehlt ihm, auf der Zunge die Münze.
Nun bedenke erst all die andern Bedrohlichkeiten der Nacht:
Allein die Höhe der Häuser, wenn da ein Ziegel vom Dach fällt
Und bohrt sich ins Hirn. Der zerbrochene Krug fliegt, der Nachttopf
Durchs Fenster mit voller Wucht und gräbt sich unten ins Pflaster,
Schlagloch um Schlagloch. Das muß man grob fahrlässig nennen
Und wahrhaft schicksalsblind, geht einer zum Abendessen aus und hat
Sein Testament nicht gemacht. So viele Fenster, sperrangelweit offen
Bei Nacht, und du, der vorbeigeht darunter – so viele Todesfallen.
Besser, du betest gleich und wünschst dir das kleinere Übel herbei:
Sie mögen doch, bitte sehr, nur ihre Badewannen entleeren.

Einem Leichtfuß, betrunken, der zufällig keinem etwas zuleide tat,
Erging es einst übel. Er verbringt die Nacht wie der trauernde Freund
Des Peliden – zuerst auf der Schnauze, dann auf dem Rücken.
Zum Schlaf führt ein Zank erst. Doch so dreist er auch auftritt,
Vom Saufen erhitzt und der Jugend, er wird noch Respekt bezeugen

Einem Mantel in Scharlachrot und aus dem Weg gehn dem imposanten
Schwarm der Begleiter mit all ihren Fackeln und Bronzeleuchtern.
Mich, den nur der Vollmond heimwärts geleitet und das bescheidne
Licht einer Funzel, mit deren Docht ich lange auskommen muß,
Mich behandelt er frech. Hör, wie sie anfing, die elende Rauferei –
Wenn man das Raufen nennt: einer schlägt zu, und du hältst nur still.
Er baut sich auf, herrscht mich an: Bleib stehn! Natürlich gehorch ich.
Was willst du tun, wenn ein Verrückter dich anschreit und ist zudem
Stärker als du? »Wohin des Wegs?« brüllt er. »Wessen Fuselwein,
Wessen Bohnenfraß hat dich aufgebläht? Welcher Flickschuster hat
Mit dir Schnittlauch gefressen und gesottenen Hammelkopf?
Bist du stumm oder was? Sprich – oder es hagelt gleich Hiebe!
Wo lungerst du sonst herum, Bettler? Vor welcher der Synagogen?«
Und ob du nun höflich bleibst oder kleinlaut dich zurückziehst,
Spielt keine Rolle: Verprügelt wirst du, und nachher zerrt man dich
Empört vor Gericht. Denn dies ist die Freiheit des armen Mannes:
Unter Fausthieben bettelt er, grün und blau geschlagen fleht er,
Daß man ihn wenigstens laufen lasse mit dem Rest seiner Zähne.

Doch das ist fast noch harmlos. Denn als nächstes kommt einer
Und raubt dich aus, wenn die Häuser verrammelt sind ringsumher,
Die Läden verriegelt der in Schweigen gesunknen Tavernen.
Manchmal auch geht ein Ganove mit der Brechstange ans Werk,
Taucht plötzlich auf, wenn von Bewaffneten längst umstellt sind
Die Pontinischen Sümpfe, durchkämmt die Gallinarischen Wälder,
Und alles Banditenwild eilt wie ins Tiergehege in unsere Stadt.
Auf welchem Amboß sieht man nicht Sträflingsketten geschmiedet?
Eine Unmenge Eisen wird nun für Fesseln verwendet. Ich fürchte,
Bald ist nichts mehr übrig für die Pflugscharen, Äxte und Hacken.

Glücklich die Ahnen der Urgroßväter, überglücklich nenn ich
Die goldenen Zeiten, da unter Königen einst und Tribunen
Mit einem einzigen Kerker für alle auskam dies arme Rom.
Dem wäre noch manches anzufügen, das Thema ist uferlos –
Doch die Zugtiere rufen, die Sonne geht unter, Zeit, aufzubrechen.
Schau, der Kutscher da, ungeduldig, gibt längst mit der Peitsche

Das Zeichen.
Leb wohl denn. Vergiß mich nicht. Und sooft
Rom dich, wenn du Erholung suchst, deinem Aquinum überläßt,
Ruf auch mich zu eurer Diana herbei, zur Helvinischen Ceres
Herüber aus Cumae. Den Satiren zuliebe, wenn sie sich meiner
Nicht schämen, komm ich gerne in Bauernstiefeln aufs kühle Land.

BRUDER JUVENAL

I

Es war Friedrich Nietzsche, der wie so oft die heiße Spur durch den Dschungel legte. In den Gedankenblitzen und Paragraphen, die unter dem Titel »Fröhliche Wissenschaft« zusammengestoppelt erschienen und schon damit ihr Betriebsgeheimnis verrieten – das unbekümmerte Reflektieren und freischweifende Philologisieren –, in dieser Sammlung lose verketteter essayistischer Motive findet sich eine Überlegung, die ein neues Licht wirft auf das Problem der Satire.

»Uebersetzungen. – Man kann den Grad des historischen Sinnes, welchen eine Zeit besitzt, daran abschätzen, wie diese Zeit Uebersetzungen macht und vergangene Zeiten und Bücher sich einzuverleiben sucht. Die Franzosen Corneille's, und auch noch die der Revolution, bemächtigten sich des römischen Alterthums in einer Weise, zu der wir nicht den Muth mehr hätten – Dank unserem höheren historischen Sinne. Und das römische Alterthum selbst: wie gewaltsam und naiv zugleich legte es seine Hand auf alles Gute und Hohe des griechischen älteren Alterthums! Wie übersetzten sie in die römische Gegenwart hinein! Wie verwischten sie absichtlich und unbekümmert den Flügelstaub des Schmetterlings Augenblick! So übersetzte Horaz hier und da den Alcäus oder den Archilochus, so Properz den Callimachus und Philetas (Dichter gleichen Ranges mit Theokrit, wenn wir urtheilen dürfen): was lag ihnen daran, dass der eigentliche Schöpfer Diess und Jenes erlebt und die Zeichen davon in sein Gedicht hineingeschrieben hatte! – als Dichter waren sie dem antiquarischen Spürgeiste, der dem historischen Sinne voranläuft, abhold, als Dichter liessen sie diese ganz persönlichen Dinge und Namen und Alles, was einer Stadt, einer Küste, einem Jahrhundert als seine Tracht und Maske eigen war, nicht gelten, sondern stellten flugs das Gegenwärtige und das Römische an seine Stelle. (...) Sie kannten den Genuss des historischen Sinnes nicht; das Vergangene und Fremde war ihnen peinlich, und als Römern ein Anreiz zu einer römischen Eroberung. In der That, man eroberte damals, wenn man übersetzte, – nicht nur so, dass man das Historische wegliess: nein, man fügte die Anspielung auf das Gegenwärtige hinzu, man strich vor Allem den Namen des Dichters hinweg und setzte den eigenen an seine Stelle – nicht im Gefühl des Diebstahls, sondern mit dem allerbesten Gewissen des imperium Romanum.«

2

Von einem Zeitenwechsel in der Literatur ist da die Rede. Aber auch vom historischen Sinn, der in die Gegenwart *hineinübersetzt*, was es an Vorbildlichem und Gelungenem in der Vergangenheit gab. Es sind die Römer der nachchristlichen Kaiserzeit, denen der deutsche Philosoph solches zuschreibt, Angehörige einer nach Mommsen reaktionären Staatsform, Leute wie Horaz oder Properz und ihre unmittelbaren Dichtergenossen. An ihren Werken soll sich zeigen, wie das neue und eroberungssüchtige Rom mit den begehrten Kulturgütern der Griechen umsprang, wie es sich Schneisen schlug durch das alte Mythendickicht und nach rechter Barbarenmanier die Hand legte auf alles, was wertvoll und edel war. Nur wird dies nicht kritisiert, sondern mit der für Nietzsche typischen Sympathie für jede gewaltsame Aneignung als Zeichen höherer Potenz gewertet.

Denn der Coup war, daß hier zum welthistorisch ersten Mal eine spätere Zeit ihre Vorgängerin nicht einfach auslöschte, sondern mit der größten Souveränität selbstsüchtig in ihren besten Erzeugnissen sich kurzerhand einverleibte. Und nicht verschämt geschah dies, mit bänglichem philologischen Hinundherwenden, sondern zupackend und in polternder Neureichenmanier. Denn mit ihrem Riecher für große Stoffe und unsterbliche Szenen waren die Römer nicht nur die Erfinder und Vorreiter eines Klassizismus in den Künsten, der nach ihnen immer nur wiederkehrt – vielmehr sind sie, in der Art ihrer Aneignung, auch die ersten Postmodernen gewesen. Ihr Hunger auf alles Griechische zeugt von gutem Geschmack, doch mehr noch von einem gesunden Appetit. Denn es war keine leichte Kost, was da einverleibt wurde, und es war auch, bei aller Sehnsucht nach oberflächlicher Repräsentation und Dekorationskunst, mehr als nur ein Akt der Landnahme. Für Nero war es eine Frage ehrgeiziger Liebhaberei, wenn er auf seiner Griechenland-Tournee höchstpersönlich zum Sängerwettstreit mit der Kithara antrat. Sein verweichlichter Dandy-Gräzismus im Stil einer protzigen Versace-Ästhetik hinderte ihn nicht an der Dankbarkeit gegenüber der Provinz, der er großmütig die Freiheit schenkte. Von Hadrians philhellenischer Denkmalsschutzpolitik sieht man noch heute die Spuren. Marc Aurels Rückkehr zum Schriftgriechischen galt lange Zeit als nobelstes Beispiel und als Königsweg zu geistiger Askese und Selbsterkenntnis.

So verschieden die Spielarten – in jeder zeigt sich derselbe historische Sinn. Man beugte sich Formgesetzen, die besser nicht aufzustellen waren: der Literatur gaben sie den Kanon, eine Bibliothek mustergültiger Werke, der Architektur, Plastik und Malerei den Maßstab, hinter den diese nie mehr zurückfallen durften. Die alten Tempel wurden restauriert, in neuer Marmorpracht aufgedonnert und um frische Bildwerke ergänzt, statt, wie üblich in der Geschichte vorher wie nachher, von den Siegern einfach geplündert und zerstört zu werden. Es ist richtig, wenn man von Massenproduktion spricht im Hinblick auf die römische Skulptur, aber das hemmungslose Nachahmen der Polyklet und Praxiteles trieb auch wundersame Blüten hervor: Kombinationen bärtiger und bärbeißiger Kaiserköpfe mit nackten Adoniskörpern, den überladenen Figurenschmuck mancher Privatvillen, atemberaubend scheußliche Großbronzen, Kolossalstatuen, die mit Elefanten transportiert werden mußten. Der Mut aber zur Monumentalität und zu einem Realismus, der auch das Abstoßende nicht scheute, beruhte schließlich noch immer auf überlieferten Proportionen.

Gewaltsam und naiv sei diese Eroberung gewesen, meint Nietzsche, und man kann die sexuellen Obertöne darin kaum überhören. Man habe sich einfach genommen, was man zum Fortkommen brauchte, Aneignung war hier identisch mit Lustgewinn, ohne Rücksicht auf das Historische an den Beutestücken. Was im Kunstgeschichtsseminar mit dem nichtssagenden Begriff der Rezeption gefaßt wird, erscheint als subtile Abart der Kleptomanie, auch Diebstahl geistigen Eigentums genannt. Gerade dies aber, die unbekümmerte Übernahme, versetzt mit einem Schuß römischer Gegenwart, wird begrüßt wie eine Errungenschaft – die sie ganz fraglos auch war. Zum Aufputschmittel wurde den Römern die griechische Archaik, indem man sie sich mutwillig und frei nach artistischem Gusto aneignete. Der Effekt war unmittelbare Befruchtung: eine Intensivierung des Gefühls für die eigene Gegenwart.

Man muß sich die Dichter der römischen Kaiserzeit vorstellen, wie sie gleichsam mit langen Strohhalmen ihre Verse aus einer damals noch imaginären Griechischen Anthologie saugten. Doch bei aller Bewunderung für den kunstreichen Adapteur und Neuarrangeur Horaz, bei allem Staunen vor dem erfinderischsten und modernsten von ihnen allen, Ovid mit seiner wahrhaft enzyklopädischen Mythen-Retrospektive, die schon die aufwendigen Epenzyklen und Spezialeffekte des Hollywoodkinos erahnen läßt – die Autoren, denen wir uns heute am nächsten fühlen, die man auch ohne Latein- und Griechischkenntnisse sofort begreift, sind der Epigrammatiker Martial, der Satirendichter Juvenal. Wenn letzterer, gleich zu Beginn seiner ersten Satire, sich ironisch beklagt und sinngemäß sagt »Ich kenne eure mythologischen Haine bald besser als mein eigenes Haus«, dann trifft er damit unseren Nerv. Genau wie beim heutigen Lesepublikum stand bei den Satirikern der hohe Ton unter Generalverdacht. Dem Schwulst von Möchtegerntragikern und Amateurepikern in der schlotternden Toga setzten sie ihre gezielten Boulevardbosheiten entgegen. Die verfeinerte Lyrik der Kallimachus-Jünger und Neobukoliker, auf die Nietzsche anspielt, sagt heute nur noch wenigen etwas, in den Grobheiten der römischen Satiriker dagegen fühlt man sich sogleich zu Hause.

Von ihnen gilt, mehr als von den Schülern der Alkaios und Theokrit, daß das Vergangene und Fremde ihnen peinlich war. Übersetzen war für sie wirklich ein Beutezug in die Gegenwart. Es hieß aber zugleich auch, den Brennpunkt scharf zu stellen, etwas heranzuholen aus weiter Ferne und es damit dem abschätzigen Blick auszusetzen. Nirgendwo zeigt dieses Verfahren sich deutlicher als in der Satire, in ihr ist alles auf den Kontrast angelegt. Sie ist die einzige genuin römische Gattung, wie schon dem Rhetoriker Quintilian, als dem Literaturpapst seiner Zeit, auffiel, und zugleich das beste Modell einer Übersetzung erhabener Vergangenheiten in eine toll gewordene und unberechenbare Gegenwart. Heute scheint man sich weitgehend einig darin, daß der Zweck satirischer Dichtung nicht so sehr Moralschelte war, schon gar nicht Kulturkritik (dazu schätzte der Römer selbst die garstigen Seiten seiner Zivilisation viel zu sehr), sondern Unterhaltung und nochmals Unterhaltung.

Es ginge aber zu weit, wie das gelegentlich geschieht, sie mit den süffisanten Pöbeleien heutiger Kabarettisten in Verbindung zu bringen. Dazu war die Satire denn doch eine zu raffinierte kunstsprachliche Übung. Das Wort ist in schwunghaftem Gebrauch, weniges, was heute nicht unter dem Namen der Satire segelt. Es gibt Satiremagazine, Satiresendungen, sogar den Rätselausdruck Realsatire, der viele sofort verständig nicken läßt. Mit den Politplattitüden professioneller Fernsehwitzbolde aber, gar mit den jährlichen Büttenreden beim Karneval, hat die Satire des Juvenal soviel zu tun wie eine Pastete mit einem Eintopfgericht. Und reiner Selbstverwechslung entspringt es, wenn protestantische Philologen in ihr eine Vorstufe zu den Kanzelpredigten lutherischer Tradition sehen wollten. Ohne Zweifel erfreute sich Juvenal bei christlichen Kommentatoren in Mittelalter und Renaissance großer Beliebtheit. Der Grund liegt auf der Hand: während die Horazischen Versschönheiten sich Propagandazwecken entzogen, sprach hier ein Meister der Selbstbezichtigung, der das Heidentum insgesamt in Mißkredit brachte mit seiner Legende vom Großstadtsumpf Rom. Es war Juvenals tiefste Überzeugung, in einer Zeit zu leben, in der so viel Lasterhaftigkeit, so viel sozialer Schmutz angehäuft war, daß keine Zukunft sie darin würde überbieten können. Doch war nicht gerade dies, das Bewußtsein unsterblicher Verworfenheit, der Gipfel des eigenen Gegenwärtigkeitsgefühls?

3

Es waren ihrer acht, die in kürzester Zeit das neue Genre zur Blüte brachten. Zieht man von diesen drei wieder ab (Ennius, für den die Satire noch ein Nebenprodukt war, Varro, aus dessen 150 Büchern nur unzusammenhängende Fragmente erhalten sind, und Petronius, der mit seiner »Satyricon«-Prosa weit übers Ziel hinausschoß und zu den Begründern des modernen Romans gehört), bleibt ein Vierergestirn übrig, gebildet aus den Namen Lucilius, Horaz, Persius und Juvenal. Eine Sonderrolle spielt Martial, der als Satiriker die kurze Distanz und knappe Pointe bevorzugte. Einer gab den Infekt an den nächsten weiter. So breitete sich wie eine Krankheit aus, was dann eine so mächtige

Gegentradition wurde, daß sich die klassische Lyrik nie mehr ganz davon erholte. Im Laufe von nur zwei Jahrhunderten gelang diesen Meisterkarikaturisten ihrer Gesellschaft etwas wie die vollständige Umwälzung des literarischen Publikumsgeschmacks.

Eine Satire ist ein Redefluß auf Bestellung, der alles vor sich herwälzt, was es an Unrat im Alltagsleben einer durchschnittlich korrupten, durchschnittlich verkommenen, d. h. modernen Gesellschaft gibt. Am Ende ihrer Entwicklungsreihe stand das monströse Gebilde eines einzigen Jauche-und-Abwasser-Stroms, der im fest zementierten Flußbett des Hexameters munter vor sich hin sprudelte. Denn eine reguläre Satire war auf den ersten Blick schon am Metrum erkennbar. Der Epigrammatiker Martial bleibt hier ein Ausnahmefall.

Wie ein guter Hefeteig ging diese neue Dichtungsform auf; und Hefe war etwas, das in vielen Zeilen als Losungswort ins Auge springt, unendlich verachtungsvoll ausgesprochen – *faex* (mit oder ohne *populi*): der menschliche Abschaum, der Bodensatz, die Brühe, die nach allen mörderischen Sozialkämpfen oben wie unten zurückblieb. Überflüssig zu sagen, daß *faex* – nicht identisch mit *plebs* –, unbekümmert um spätere marxistische Überzeugungen, als Beschimpfung in zweierlei Richtungen zielte. Es meint den Pöbel zu beiden Seiten der Geld-Demarkationslinie: die Neureichen mit ihren ekelerregenden Orgien und schmutzigen Phantasien ebenso wie jene Habenichtse, die sich aller Arten der Selbsterniedrigung befleißigten in der Hoffnung, eines Tages dazuzugehören. Leitmotiv von Juvenals Dritter Satire beispielsweise ist die *ambitiosa paupertate* (Zeile 182) – die anspruchsvolle Armut, die Krankheit der allermeisten, die über ihre Verhältnisse leben und darum käuflich sind, stets um Gunst zu buhlen bereit. Es geht um ein Symptom, das seit zweitausend Jahren zum Bild der Unterschichten gehört: das Schuldenmachen, die komischen Unterwerfungsriten und den Konsumehrgeiz der ärmsten unter den Großstadtrömern, der sie zuerst in die völlige Abhängigkeit treibt und schließlich in den unaufhaltsamen Ruin. Dies ist, in vielerlei Variationen, das Hauptthema der meisten Satiren – ihr Unbewußtes, wie der Freudianer sagen würde. Es scheint, als könne Sozialkritik sich in ihr immer nur als Delirium äußern, so verfahren ist hier die menschliche Lage. Dieses Delirium aber ist erst der wahre Realismus jeder Satire.

4

Der Früheste war Lucilius. Bei ihm ist alles schon da, was zu einer guten Satire gehört, das Stadtleben, der Alltag, der Gesprächston, die Indiskretionen, die autobiographische Note. Er gab als *inventor generis* die Marschrichtung vor, ein Freistilkritiker seiner Zeit, wahllos noch in der Anwendung seiner Mittel, wie ein Provinzjournalist mit politischen Nebensächlichkeiten befaßt, stilistisch oft ungelenk, dabei von einer Offenheit, von der die Nachfolger später in Zeiten verschärfter Sprachkontrolle nur träumen konnten. Keine Zensur hinderte den Hochgeborenen (Angehörigen des Ritteradels), Gegner und Schurken bei ihrem Namen zu nennen. Dreißig Bücher Satiren hinterließ er, die mancher selbst denen des Horaz und, laut Quintilian, der dagegen Einspruch erhebt, sogar jedem anderen Dichterwerk vorzog. Von ihnen sind nur noch Bruchstücke erhalten.

Dann kommt Horaz, der Generalimporteur griechischer Metren und für Jahrhunderte die höchste Instanz in Fragen des Versgeschmacks: *Princeps Aeolium carmen*, wie es in einer seiner Oden bescheiden heißt. Er ist der Gefällige und Gesellige, perfekt in seiner Entertainerrolle, für die Palastgesellschaft um Kaiser Augustus als Schützling des reichen Maecenas eine Autorität in Sachen Poesie. Er macht alles richtig, nimmt immer den höheren Standpunkt ein, gibt sich ausgewogen, vornehm patriotisch, milde ironisch, ein römischer Thomas Mann. Bei ihm wird die Satire zum Musterkatalog harmonischer Tropen und goldener Redeformeln.

Dann aber taucht ein gewisser Persius auf, ein blutjunger Nihilist. Schon von der Abstammung her ein Exot, mit etruskischem Familienhintergrund, sein Geburtsort das bis heute verwunschene Bergnest Volterra. Er ist der härteste Knochen von allen, dabei kränklich und überaus sanftmütig, ein junger Mann, der in seiner lebensfremden Art so sehr den Dichterklischees von Hölthy bis Georg Trakl entspricht, daß er uns unwiderstehlich vertraut erscheint. Mit achtundzwanzig stirbt er an einem Magenleiden. Manche seiner tollkühnen Verse nehmen in ihrer jugendlichen Motorik filmische Schnitt-Techniken vorweg. In den sich überschlagenden Bildern erinnert er an einen anderen Meteor, der erst achtzehn Jahrhunderte nach ihm auf die Erde stürzen wird: Arthur Rimbaud. Dieselbe Verhöhnung der Sprache durch den Leib, dieselbe satanische Freude an Nonsens und kindlicher Synästhesie. »Wer hat dem Papagei denn sein *Bonjour* beigebracht?« fragt er in aller surrealistischen Unschuld, in einem munteren kleinen Prolog, der den Reigen seiner Satiren eröffnet. Er gibt offen zu, nie aus dem kastalischen Quell geschlürft, noch je auf den Parnassushügeln geträumt zu haben, und doch beansprucht er die volle Dichterlizenz: »Corvos poetas et poetridas picas / cantare credas Pegaseium nectae« (Daß Dichter-Rabe und Dichterin-Elster Gesang / sprich Pegasus-Nektar der Kehle entströmt). Wortspiele und geniale Albernheiten dieser Art wird es erst wieder bei den Modernen des zwanzigsten Jahrhunderts geben, bei lyrischen Zwölftönern wie Apollinaire oder E. E. Cummings. Von einer Verhexung der Sprache ins fürchterlich Vieldeutige spricht einer seiner Herausgeber. Dabei ist alles ganz einfach. Sein Sarkasmus grenzt nur darum ans Dunkle, seine Verse lesen sich nur deshalb wie Orakelsprüche, weil hier ein Mensch sprach, der früh das Leben durchschaut hatte in seiner erbärmlichen Monotonie. Persius war der geborene Dichteranarchist. Wesen wie er, schwer einzuordnen, werden gern als Naturtalente bezeichnet. Lautmalerei war bei ihm weniger Zeichen von Übermut, aus ihr klang vor allem die Verzweiflung über die Langeweile des Daseins, wie sie sich feineren Ohren zuerst als Sprachkonvention kundtut. Man lausche nur dem Beginn seiner Fünften Satire, wo mit denselben Salondichtern abgerechnet wird, mit denen auch Juvenal später kurzen Prozeß macht zu Beginn seiner Karriere. Man hört deutlich heraus, da ist jemand in seinem Element, am onomatopoetischen Ursprung seines Lateins, jeder Vers eine schallende Ohrfeige, wenn es heißt: »tu neque anhelanti coquitur dum massa camino / folle premis ventos nec clauso murmure raucus / nescio quid tecum grave cornicaris inepte / nec scloppo tumidas intendis rumpere buccas«.

»Du aber quetschst nicht, bis der Eisenbrei kocht im Kamin,
Luft aus schnaufendem Balg oder brummst geschlossenen Munds,
Krächzt wie die Krähe, pickst gierig nach höherem Blödsinn,
Klatschst auch nicht auf die prallen Backen, daß es nur so rumst.«

Und dann kam Martial, mit Abstand der Spitzzüngigste, der Spitzfindigste auch. Sein bevorzugtes Ausdrucksmittel war das Epigramm, die geschliffene Kurzform, auf Pointe maßgeschneidert mit ihren wenigen Zeilen. Er war nicht nur die loseste Lästerzunge, sondern offenbar zu Lebzeiten schon der im ganzen römischen Reich mit Abstand Beliebteste. Seine Verse machten, Zeichen höchster Popularität, oft mündlich die Runde. Daß es, bei aller scheinbaren Radikalität, die durch und durch austarierten Witzeleien eines Privilegierten waren, der seine besten Jahre unter Domitian mit Speichelleckereien vergeudete, tat seinem Ruhm keinen Abbruch. An ihm kann man studieren, wie süß Nachruhm sein kann und daß die Menschheit selbst den durchsichtigsten Zynismus eines Tages vergibt. Manche seiner Motive hat er regelrecht zu Tode geritten, so auch sein berühmtestes: das vom Hasen in der Tier-Arena, der aus dem Löwenrachen unversehrt hervorspaziert. Seine Bonmots sind oft nur ein Vorwand für Häme und Schadenfreude – und seinen heimlichen Lesern ein Versprechen auf Schweinkram. Martial zu zitieren hieß jahrhundertelang, die letzten erotischen Tabus zu brechen. In Zeiten allgegenwärtiger Pornographie ist auch das vorbei, und Martial sieht, nachdem der Feminismus und eine Sexismus-Kritik à la Ernst Bornemann ihn ein letztes Mal als Erzchauvinisten auferstehen ließen, nunmehr alt aus. Aus seiner Feder stammen mehrere Kurzportraits seines glücklosen Dichterfreunds Juvenal. Sie bezeugen das Zusammengehörigkeitsgefühl der Satiriker, die sich durchaus als Avantgarde verstanden. Im zwölften Buch der Epigramme findet sich ein Lob auf das Landleben (Martial ist nach Bilbilis in seine hispanische Vaterstadt heimgekehrt), das uns thematisch vorbereitet auf Juvenals Dritte Satire. Das dort breit entfaltete Motiv der Schlaflosigkeit klingt hier in bescheidener Form bereits an.

»Jetzt, da du rastlos vielleicht zur Stunde
Im Lärm der Subura umherirrst, mein Juvenal,
[...]
Hat nach vielen wiederholten Dezembern
Mein Bilbilis, stolz auf sein Gold, sein Eisen,
Mich wieder zurück und zum Bauern gemacht.
[...]

Hier genieß ich den unverschämt tiefen Schlaf,
Den kein Drei-Uhr-Krach mir oft und oft sprengt.«

Juvenal aber war der große Unbekannte zu jener Zeit. Seine Dichterkarriere beginnt erst im nächsten Jahrhundert. Kaiser Domitian mußte erst tot, sein Andenken getilgt sein. Er war Anfang Fünfzig, als die Erste Satire veröffentlicht wurde. Einmal verteidigt Martial ihn – einen *nobody*, der bis dahin noch keine Zeile veröffentlicht hat – gegen einen stadtbekannten Verleumder. Dabei stilisiert er ihrer beider Freundschaft mit dem Hinweis auf das griechische Musterfreundespaar Orest und Pylades. An anderer Stelle lobt er ihn als *facundus* – redegewandt, überschäumend einfallsreich, irre anregend: den geborenen Rhetoriker, was damals als höchstes Kompliment gelten durfte. Die wortverliebten, ganz auf die Wortbeherrschung ausgerichteten Römer konnten ein so schmeichelhaftes Attribut nur als ein Zukunftsversprechen verstehen: Merkt euch, dies ist der kommende Mann!

»O Juvenal, du Wort-Genie, von meinem Landgut
Schick ich als Spende Nüsse dir zum Saturnalienfest.«

5

Tatsächlich ist Juvenal der Schlußpunkt in dieser Entwicklungsreihe. Ein schwarzer Raabe in der weißen Marmorstadt des Augustus … Daß er der schärfste unter den Satirikern wurde, der bildmächtigste, einzigartig in seinem Sarkasmus, hat wohl auch damit zu tun, daß hier ein Spätentwickler ans Werk ging. Die düstersten, die meistzitierten Sprüche sind im Zweifelsfall alle von ihm. Pessimismus flüstert ihm die besten seiner Pointen ein. Er war der Weitgereiste, der Kriegserfahrene, der am wenigsten Weltfremde. Man muß ihn sich als Truppenführer im ägyptischen Wüstensand vorstellen, als Besucher des hunderttorigen Theben, wo er den Wind in den zertrümmerten Memnonskolossen selber hat klingen hören. In Syene am Westufer des Nils ist er Garnisonskommandant gewesen und hat dort mit eigenen

Augen die flaschenförmigen Brüste der Nubierfrauen gesehen. Er sah die Hütten der Bewohner Mauretaniens und in den Bergwäldern Thabracas die Affenmutter, die sich die runzlige Backe kratzte. Mit Sicherheit hat er die Meerenge von Gibraltar passiert, Kreta besucht und die von Schiffen überfüllten Häfen entlang der Mittelmeerküste angesteuert. Weit draußen im Atlantik, vor den Toren des Herkules, hat er die Ungeheuer des Ozeans und die Meermenschen erahnen können, seltsame Mischwesen aus Fisch und Mensch, von denen die Seeleute berichteten. In Britannien, wo er die Kohorte der Dalmatier befehligte, hat er Agricolas Feldzüge begleitet, die Austern von Rutupiae gekostet und vor den Orkney-Inseln den Walfisch beobachtet, der ihm imposanter erschien als die Delphine in den heimischen Gewässern.

Juvenal ist der neue Typus, ein Dichter der Autopsie, sein Stolz: alles mit eigenen Augen gesehen zu haben. Als ehemaliger Militär ist er auf ganz groteske Weise die Verkörperung eines Ideals, das auf Cato zurückgeht und die Römer noch in den schlimmsten Zeiten politischen Niedergangs umtrieb – der *vir bonus dicendi peritus*. Sein Pegasus war kein hohes Roß, sondern ein echtes Kavalleriepferd, das ihn bis an die Außenposten des Imperium Romanum getragen hatte. Das Holprige, Sprunghafte, Ungezügelte mancher Hexameter in seinen Satiren lag in der Natur des alten Soldaten, der manches erlebt hatte in seiner aktiven Offizierslaufbahn. Juvenal ist der Anti-Ästhet, der sich in die Gehege der Dichtkunst verirrt, ein Alptraum für jede Literaturtheorie, sturköpfig, fremden- wie frauenfeindlich und homophob. Weniges widert den Abenteurer so an wie die Salondichterei der Daheimgebliebenen. Er ist in jeder Hinsicht das Gegenteil jener goldenen Zungen des Augusteischen Zeitalters, deren Werke er gleichwohl gründlich studiert hatte. Horaz, Ovid, Vergil: er kannte jeden ihrer verstechnischen Tricks. Seine vielgepriesene Beredsamkeit war alles mögliche, nur kein Belcanto. Wenig wissen wir über den Vortragsstil solcher Satiren, doch deutet manches darauf hin, daß er mehr mit den Sprechgesängen heutiger Hip-Hop-Musiker gemein hatte als mit den femininen Modulationen der Troubadoure Aquitaniens.

Nur erraten läßt sich sein Publikum. Ist es denkbar, daß Juvenal seine kleinen Versfeuerwerke in den Kaschemmen und Tavernen der Subura hochgehen ließ? Wohl eher nicht. Sein Hang, besonders dick aufzutragen, sagt viel aus über die möglichen Adressaten. Satiren für wen? könnte man fragen. Konträr zu aller höfischen Tradition war das alles. Steckt nicht in ihnen der Widerspruch zwischen Sender und Empfänger, zwischen Adressat und Sujet? Wenn man bedenkt, wofür ein Ovid so hart büßen mußte ... Aber auch Juvenal scheint als Dichter mehrmals mit dem Gesetz in Konflikt geraten zu sein. Unsicher wie alles in seiner Vita ist hier die Überlieferung, aber man hat doch auf ein paar realistische Details nicht verzichten wollen. Ob die an sich schon ungewöhnliche Kombination von Offizier und Gesellschaftsdichter damit faßlicher wird, sei dahingestellt, zumindest wollte man ihn für sein loses Maul bestraft sehen mit einer mehrjährigen Verbannung auf einen Garnisonsposten am Rande des Reiches. Friedländer bemerkt dazu trocken: »Offenbar liebte er es überhaupt nicht, von sich selbst zu sprechen.« Bleibt die Tatsache einer längeren Abwesenheit von Rom in der späten Regierungszeit des Domitian, der ihm so verhaßt war, daß er ihm den Spitznamen »der kahle Nero« verlieh. Tacitus läßt in seinem *Dialog über die Redner* einen Tragödiendichter auftreten, der als Opfer Domitianischer Terrorpolitik an Juvenal erinnert. Nun gehört dieser Maternus, der mit seinen Freunden die Gefahren allzu freizügiger Rhetorik erörtert, eher zum Typus des Forumsredners und Salondichters, er ist alles andere als ein Haudegen. Aber man erfaßt etwas vom Klima einer bleiernen Zeit, in der den Redebegabten zuletzt nur die innere Emigration blieb. Hier ist es der Rückzug in die Einsamkeit der Wälder und Haine, für Juvenal war es die Abkommandierung des Soldaten, die sein Doppelleben erst ermöglichte.

Beim Lesen seiner Satiren schlägt man ein Kompendium der Schäbigkeiten des römischen Großstadtlebens auf. Vieles, was uns die Lexika zur römischen Alltagskultur mitteilen, wissen wir nur von ihm. Die leuchtendsten Beispiele, die drastischsten Illustrationen zu einzelnen Schlagworten stammen aus den Texten des Juvenal. Wenn es noch eines Beweises für den Nutzen der Dichtung bedarf, hier ist er. Von der Alarmbereitschaft unter den Bewohnern einer typischen römischen Mietskaserne (*insula*) erfahren wir, von den Modefrisuren der Damen Roms und davon, daß Frauen in den öffentlichen Badeanstalten ein geringfügig höheres Eintrittsgeld zu entrichten hatten. Oder die Sache mit dem allseits bekannten Daumen-rauf-Daumen-Runter: Wie jedes Schulkind heute weiß oder besser jeder kleine Spielkonsolenbesitzer, jeder Kinobesucher, der aus dem *History*-Schinken »Gladiator« kommt, war es üblich, daß ein gelangweiltes Publikum über das Schicksal eines geschlagenen Gladiators entschied. Der aufwärts gegen die Brust gerichtete Daumen war das Zeichen zum Todesstoß, der abwärts gerichtete bedeutete Schonung (übrigens so und nicht umgekehrt). Es war Juvenal (und nur Juvenal), der uns die kleine häßliche Geste überlieferte (in Zeile 36 seiner Dritten Satire). Er hat damit für immer eine der vielen Widerwärtigkeiten der römischen Spaßkultur für uns festgehalten.

Dennoch: einer wie er hätte sich die Augen gerieben vor Staunen, hätte man ihm eine Einrichtung wie unsere *Swinger-Clubs* näher zu erläutern versucht. Bekanntlich stand Ehebruch, wenigstens in den höheren Kreisen, seit einem Edikt des Augustus unter schwerer Strafe. Ein öffentlicher Partnertausch wäre das letzte gewesen, was die angeblich so versauten Römer goutiert hätten. Dazu brauchte es schon die Erfahrungen und Ermüdungen von zweitausend Jahren Christentum. Natürlich stellt das pornographische Überangebot heutiger Massenkultur alles in den Schatten, was es zu Hadrians und Domitians Zeiten an erotischem Schmuddelkram gab. Ein wehmütiges Lächeln läßt sich kaum unterdrücken, liest man in den Kommentaren zu Juvenals Sechster Satire, der leider arg misogynen (ihr Thema: die Umtriebe zügelloser Damen aus der *high society* Roms), von den schwulen Domestiken der Hausherrin und ihren schrecklich verruchten Namen. Man stelle sich vor: »wahrscheinlich Umschreibungen für einen *cunnilingus* bzw. *fellator*«, wie es in den Fußnoten mit einem leichten Schaudern heißt. Der letzte, dem darüber die Sinne schwanden, war vermutlich ein Pauker am wilhelminischen Gymnasium, der seinen Lateinschülern hüstelnd über die heikle Stelle hinweghalf. Wirklich aufregend – apropos Gymnasium – ist dagegen noch immer eine berühmte Passage aus der Siebten Satire, die von den überforderten Lehrern handelt. Das Grundmotiv jener Satire – es geht um die Mißachtung der geistigen Berufe im damaligen Rom – hat etwas ausgesprochen Brandaktuelles. Dargestellt wird das elende Schnorrerdasein der wahren Dichter, die von den reichen Geizhälsen zwar bewundert und gepriesen werden, doch selten angemessen entlohnt. Vorbei sind die goldenen Tage eines Maecenas. Ein alter Zunftkollege und beneideter Glückspilz wie Horaz bekommt einen Seitenhieb ab mit der Zeile: »satt ist Horaz, wenn er *evoe* jubelt«. Die Anspielung zielt auf das fröhlich besungene Weingelage aus dem zweiten Buch der Oden, das in Sachen Luxus und Lebenslust Maßstäbe setzte. »Juchhe! Juchhe! Bacchus, laß gut sein«, hatte der Günstling des Kaisers und sprachgewandte Zeuge des Wohlstands unter den neuen Oligarchen seinerzeit gedichtet. Das waren Zeiten, als ein Flaccus »Wein aus den Quellen, Milch aus den Bächen« strömen sah. Selbst das Los des Geschichtsschreibers kann Juvenal, ein turbulentes Jahrhundert später, nur noch beklagen. »Wer gibt dem Historiker, was er demjenigen gibt, der ihm die Zeitung vorliest?« Erstaunliche Zeilen: wir sind in der Medienwelt angekommen. Von Schriftstellern, die als Pächter von Badeanstalten und Bäckereien ihr Glück versuchen, ist da die Rede, von armen Rittern, die der nackte Knöchel im zerrissenen Soldatenschuh entlarvt, und eben auch vom schlechtbezahlten Job des Grammaticus oder Lateinlehrers. Und dann kommt jene unvergeßliche Stelle, ein Klassiker der Sexualkulturgeschichte, da Juvenal mit ein paar Strichen das ganze zivilisationskritische Gejammer aufhebt zu großer Dichtung. »Und ihr wollt, / Daß er der Klasse ein Vater sei, der die unsittlichen Spiele verhindert, / Und daß sie es sich gegenseitig besorgen: schwierig bei so vielen Knaben, / Die Hände im Blick zu behalten, die Augen flimmernd, wenns ihnen kommt.«

Auch wenn sich kaum abstreiten läßt, daß das meiste schon da war, das Themen-Repertoire, die seit Lucilius genauestens festgelegte Dramaturgie: erst bei ihm kommt die nötige Dosis Ressentiment hinzu, das Faß läuft über. Mit seinen Satiren hat er alles zu überbieten versucht, was bis dahin in diesem Genre geleistet wurde. An Juvenal kann man das evolutionäre Prinzip dieser poetischen Gattung studieren: es geht darum, die Spirale der Empörung immer höher zu schrauben, das Schockpotential maximal auszureizen. Kann es noch schlimmer kommen? Es gibt bei ihm nicht den Flirt mit dem Publikum wie bei Martial, weder Widmung noch Vorwort. Es gibt auch keine der sonst üblichen literarischen Verbindlichkeiten. Hier spricht einer nur für sich selbst, ein Überraschungsgegner, der mit eiserner militärischer Disziplin erst als alter Mann aus der Deckung kommt. Mit dem Stolz des Außenseiters verteidigt er sich im voraus. Wenn ihm das Talent fehlen sollte, verkündet er zum Auftakt seiner Satiren, sorge eben der Zorn für den Vers. Und der Zorn dieses Dichters war allerdings enorm. Nietzsche nennt ihn »diese Giftkröte mit den Augen der Venus« – in einem der wenigen Momente übrigens, da er dem Christentum historische Gerechtigkeit widerfahren läßt und es als Labsal begreift und Genesungskur nach dem Zusammenbruch aller Werte, wie ein Juvenal ihn beschrieb.

6

Hier aber soll es nun um die dritte seiner Satiren gehen. Es ist das Juvenal-Stück, das am deutlichsten die überzeitliche Modernität dieses Autors belegt, der Dichte und Lebendigkeit seiner Schilderungen aus dem römischen Alltagsleben wegen. Vieles spricht dafür, daß wir es hier mit dem Urmuster einer typischen Dichtung für Städtebewohner zu tun haben, mit dem Gründungsdokument dessen, was dann im zwanzigsten Jahrhundert nach Christi Geburt *Asphaltliteratur* heißen wird. Bei keinem anderen hat man so sehr das Gefühl, inmitten des Gewühls und Gewimmels einer der Straßen Roms zu stehen, sagen wir: auf der Piazza Venetia. Keiner scheint so sehr verbunden mit dem äußeren Treiben, dem Lebensalltag seiner Mitmenschen. Anstelle der Idealgestalten von Göttern und Halbgöttern zeigt sich der urbane Durchschnittsmensch mit all seinen Leidenschaften und Lastern.

Ein gewisser Umbricius ist dabei, die Stadt zu verlassen, und eröffnet sich einem alten Freund. Der Name des Erzählers fällt kein einziges Mal. In einem einzigen Nebensatz, wie es über eine Romanfigur heißen würde, wird gegen Ende hin ein Signal gesetzt, wenn Umbricius verspricht, den Freund auf seinem Landgut in Aquinum zu besuchen. Es handelt sich um den Geburtsort des Juvenal. Er war in diesem indirekten Dialogstück die ganze Zeit als Gesprächspartner anwesend. Man hat ihn aber nie zu Gesicht bekommen, weil er mit dem Rücken zur Kamera stand. Dem Namen Umbricius haftet dagegen Unheimlichstes an. In *umbra* klingt die Finsternis mit, der Schatten eines Menschen, der dahingeschieden ist. Man hat darum den Verdacht geäußert, es sei keine gewöhnliche Abschiedsszene, die hier behandelt wird. Die Hauptfigur könnte ebensowohl ein Gespenst sein oder einer, der an der Schwelle zur Unterwelt steht und sich ein letztes Mal an den Freund wendet. Eine ganz andere Bedeutung hätte dann etwa die Kühle, die in der Schlußstrophe die Landschaft durchweht.

Eingebettet in den Gang der Erzählung ist die Episode vom armen Poeten Cordus. Es ist eine dieser Miniaturen, in denen Juvenal ein ganzes Leben zu ein paar Zeilen zusammenschnurren läßt und es dabei doch völlig entfaltet. In wenigen Strichen entsteht vor uns eine psychologische Studie. Als Figur taucht jener Cordus bereits in der allerersten Satire auf, gleich zu Beginn, wenn auch nur in einer Nebenrolle. Er ist dort der stolze Verfasser eines Theseus-Epos, der den Autor mit seinem heiseren Vortrag quält, eine harmlose Dichter-Null. In der Dritten Satire kehrt er als alter Bekannter wieder, doch diesmal mit den Farben des Mitleids gezeichnet, eine Spitzweg-Figur, die ein Wohnungsbrand ihrer wenigen Habseligkeiten beraubt. Geschildert wird die kümmerliche Einrichtung dieses Dachbodenbewohners mit einer Liebe zum Detail, die alles Moralisieren verblassen läßt und seine Satire in den Rang unsterblicher Dichtung erhebt.

EIN RÖMISCHES ZEICHENBUCH

LARGO XXI. APRILE: EIN KELLNER

Es war sein erster Abend in Rom, und er war allein ausgegangen in dieser Stadt, die ihm ganz unbekannt war und ihm, soweit er zurückdenken konnte, immer eine gehörige Ehrfurcht eingeflößt hatte. Nun saß er beim Nachtmahl und dachte über die Fahrt hierher nach. Schneesturm hatte ihn auf italienischer Seite am Brenner empfangen, nachdem die ersten Tunnel passiert waren. Und so, mit Sturm-und-Drang-Himmeln, war es weitergegangen. Phantasien von Brockenbesteigung und Harzreise im Winter hatten ihn hinterm Steuer wachgehalten, je tiefer es in den Süden ging. Bis weit hinter den Abzweig nach Florenz hielt dieses Unwetter mit Dauerregen an, dann kamen noch Bodennebel hinzu, es war wie verhext. An einer Raststätte hinter Modena war er lange mit aufgespanntem Regenschirm vor der Drehtür stehengeblieben und hatte den Wagen im Auge behalten. Ein Trio fettleibiger, ölhaariger Typen war ihm allzu neugierig um die Autos herumgeschlichen. So hatte er sich seinen Übergang in das neue Künstlerleben nicht vorgestellt. Aber er war auch nicht mit der Postchaise aus einem der Kurbäder Böhmens gekommen. Niemand fuhr heutzutage mehr mit der Kutsche ins Land der Zitronen. Die Pferde dazu waren allesamt auf Europas Schlachtfeldern krepiert. Stattdessen hatte ihn ein Motor mit der Kraft von hundertsechzig Pferdestärken in die Fremde gezogen, die nun überall ausgebaut war, verkehrstechnisch erschlossen, vertraut beim ersten Blick durch die Windschutzscheibe. Wer sich verirren wollte, konnte dies nur in sich selbst noch tun, in den Labyrinthen der Psyche.

Zum Glück hatte ein Navigationsgerät ihm den Weg gezeigt. Solcher Komfort gehörte jetzt serienmäßig bei vielen Autos dazu. Eine Frauenstimme hatte ihn zuverlässig, wenn auch automatenhaft streng (Typ elektronische Pionierleiterin) über die Tangentiale direkt in sein zukünftiges Viertel gelotst. Wenigstens sie hatte ihn begleitet durch das Dunkel der fremden Großstadt. Nun saß er in der kleinen braunen »Hosteria«, die von seinem neuen Domizil aus zu Fuß erreichbar war. »Al Monumento« hieß der Laden, und der Platz, hinter dem er sich versteckte, lag an der *Viale XXI. Aprile*. Eine seltsame Adresse war das.

In ihrer numerischen Sachlichkeit erinnerte sie an gewisse stalinistische Prospekte im ehemaligen Sowjetreich. Man stelle sich vor: das Datum hatte mit dem Gründungsakt Roms zu tun, den die Historiker taggenau auf den 21. April des Jahres 753 vor Christus legten. Das war nun eine der vielen Sonderbarkeiten der Stadt, über die er an diesem ersten Abend zu grübeln begann.

Bedient wurde er von einem untersetzten Männchen mit roter Schürze. Er war es, der den Brotkorb brachte und das Geschirr abtrug, die Bestellung nahm wieder ein anderer auf. Der kleine Dicke aber hatte etwas, dem man sofort verfiel: die Art, wie er aus Schüchternheit an einem vorbeisah und doch den Überblick behielt, ein fleißiger Handlanger, wahrscheinlich der brave Tropf in diesem Familienbetrieb. Und erst die Eunuchenstimme! Nicht entgangen war es ihm, daß der Gast sie gleich registriert hatte, und so zog er es vor, meistens stumm zu bleiben, und trug nur hastig im Vorbeigehen ab, wenn dieser abgelenkt war. Es ist doch immer wieder erstaunlich, dachte er, wie schnell man zu einem wildfremden Menschen in tiefere Beziehungen gerät. Dies war nun sein erster Römer.

Ahnte er auch, daß der *straniero* ihn heimlich über sein Buch hinweg belauerte, ihm lauter Spitznamen anprobierte, von denen schließlich *La Signorina* an ihm hängenblieb? Denn bestimmt war der arme Kerl mit seinen schätzungsweise vierzig Jahren noch Jungfrau, lebte bei der Mutter, ließ sich von ihr die Socken stopfen. Er wird es seit seiner Schulzeit nicht leicht gehabt haben bei den Mädchen . Er sah aus wie einer, der nie das Schwimmen lernte, aus Scheu vor den Umkleidekabinen, den überfüllten Stränden.

»Non si vuole mangiare?« hörte es der Gast hinter sich fragen. Es war die wohlbekannte Stimme. Der kleine dickliche Countertenor hatte ihn beim Träumen ertappt und sich gerächt.

Er war noch zu aufgewühlt von dem langen Autobahnritt, um die Canneloni, den Rotwein genießen zu können. In den Knochen, den verspannten Rückenwirbeln steckten ihm die 1550 Kilometer, die der Streckenzähler zuletzt zeigte. So hatte er langezeit ins Leere gestarrt, genauer gesagt: auf das pompöse Kriegerdenkmal, das den Platz vor dem Fenster einnahm. Eindrucksvoll, wenn auch irritierend geschmacklos erinnerte es an Italiens Beitrag zum Ersten Weltkrieg. Die

Isonzo-Schlacht war ein Datum, das von ferne herübergrollte. War nicht einer der großen Lyrikheiligen dabeigewesen, der Dichter Giuseppe Ungaretti, der seinerzeit unter dem Feldgrau des Soldaten den neuen nackten Menschen entdeckt hatte, das einzelne Blatt am Baum?

Vier Bronzeköpfe mit martialischem Gesichtsausdruck hielten an jeder Seite der phallusförmigen Graniterhebung Ausschau nach dem Feind. Es war, als blickte man Mussolini persönlich in die Augen: dieselbe finstere Stirnfalte, dasselbe vorgeschobene Imperatorenkinn. Darüber stand, breitbeinig in vierfacher Ausfertigung, der bekannte heroisch-jugendliche Gebirgsjägertyp mit dem Scharfschützenblick. Zu ihm sollten auch die Mütter aufschauen können, wo er doch selbst gerade erst der Mutterbrust entwöhnt war. *Pro Patria* oder die Monumentalisierung der Wickelgamaschen ... Der Duce gedenkt der eigenen Weltkriegstoten im Jahr VIII seiner Herrschaft: ein Akt faschistischer Rekrutierungspolitik. An der anderen Seite des Platzes lag das Hauptquartier der Zollpolizei, ein staatliches Bollwerk, in dem es von Zivilbeamten und Uniformierten wimmelte. Der Standort des Denkmals verwies auf die ungebrochene Tradition: es ging um die Gefallenen aus den Reihen der Guardia Finanza. Obenauf schaute eine Göttin, Dea Roma oder Victoria, stadtauswärts; sie trug das griechische Faltenkleid, in der Rechten die Lanze, in der Linken eine Kugel (vermutlich Kanonenkugel). Auch fehlte in der Inschrift das Signalwort *Avanguardia* nicht. Es klang so schauerlich schön herüber und erinnerte an den Futurismus, die Dynamik moderner Künste. Mit dieser fanatischen Scheußlichkeit, dachte er, mit diesem Relikt aus Urgroßväterzeiten beginnt nun mein Reigen römischer Lokalitäten.

VIA BIBERATICA: EIN DOKTOR DER ARCHÄOLOGIE

Ein Stück urbanen Raums aus der Römerzeit ist die *Via Biberatica.* Gut versteckt hinter Mauern und umschließenden Gebäudeteilen, liegt sie tief unter dem heutigen Straßenniveau. Sie ging von den Markthallen am Trajansforum zum Quirinal hinauf und lief dabei einmal quer durch die ganze Subura, die Mutter aller späteren Vorstädte der Welt, wo das einfache Volk unter sich war. Was einstmals noch an die zentralen Tempelanlagen grenzte, wuchert heute in Form endloser Trabantenstädte ins Umland. So klein und überschaubar fing alles an in der Stadt auf den sieben Hügeln. Das Deutsche Archäologische Institut Rom schickt seine fähigsten Kräfte, um dem Ahnungslosen die Welt unter den eigenen Füßen zu öffnen. Die Führung beginnt im Museum der Kaiserforen; sein Eingang liegt an der *Via Quattro Novembre.* Traurig sind diese Straßennamen mit irgendwelchen Geschichtsdaten, die dem Landesunkundigen wenig sagen – ein Schwachpunkt der jungen Nationen. Dann aber tut die verwinkelte Römergasse sich auf, greift ihm ans Herz und versöhnt ihn mit den albernen Familiengeschichten Europas.

Den Besucher, der durch die große Halle des Trajansmarktes wieder ins Freie tritt, erwartet eine Überraschung – eine echte antike Fußgängerzone. Die klobigen Pflastersteine, von den Sohlen einstiger Marktgänger rundgelatscht, bezeugen es: diese Straße war für den Durchgangsverkehr gesperrt. Auch der Laie erkennt es daran, daß hier die sonst auf allen Römerstraßen so auffälligen Räderfurchen der Ochsen- und Pferdegespanne fehlen. Links und rechts lagen kleine Geschäfte und Werkstätten (tabernae), Gelasse für die ortsansässigen Händler, wie man sie heute noch im Orient oder in indischen Großstädten findet. Der Besitzer schlief zumeist über dem Laden, stark eingeengt unter dem Gewölbebogen. Wer aus dem Bett fiel, landete auf der Straße. Sie waren Japaner, diese kleinen Menschen der Antike, ein Leben lang mußten sie mit wenig Platz vorliebnehmen. Und doch gab es Kunstgeschmack in der engsten Hundehütte, war jeder Krämerladen, jede Schusterwerkstatt mit Wandmalereien verziert, jeder Quadratmeter Boden mit Mosaiken bedeckt. Man sieht noch die Dübellöcher für die Marmorverkleidungen. An einer der Mauern in den Gelassen des großen Halbkreisgebäudes, die vermutlich Büros waren, erkennt man ein nelkenartiges Pflänzchen, sehr zierlich in verblaßtem Blutrot, an einer anderen einen Singvogel. Heute sind es Gummibäume und Kalender mit Katzenmotiven. Nie verläßt den Menschen die rührende Fürsorge für sein winziges Stück Freiraum, die eigene Lebensnische. Manches war Dekoration, anderes diente zur Untermalung der feilgebotenen Waren, war frühe Reklame. Kurios mutet ein echtes Nagel-Sgraffito an, die Karikatur eines römischen Legionärs als Galgenmännchen mit grotesk verlängertem Penis. Welcher Beamte nach Dienstschluß, welcher schadenfrohe Geldwechsler oder gelangweilte Ladeninhaber hatte sie wohl in den Verputz geritzt? Bei ihrem Anblick schrumpfte jede Ewigkeit auf ein paar Momente der Kinderei, wie sie so immer wiederkehren, unendlich vertraut.

Der Führer indes zeigt auf die Türschwellen aus Travertin, in denen die Führungsschienen noch immer sichtbar sind. Bei Nacht wurden die Geschäfte mit Holzschiebetüren zugesperrt, auch dies ein beinah japanisches Detail. Es muß verdammt dunkel in dieser Einkaufsmeile gewesen sein. Nach der Höhe der dahinterliegenden Mietskasernen (insulae) zu urteilen, ergaben sich wahrhaft finstere Straßenschluchten. Man kann sich gut vorstellen, was der Satirendichter Martial meinte, als er von einem Saustall sprach. Der Eindruck, in eine niedere Sphäre des Urbanen einzutauchen, wurde noch verstärkt durch die schwarze Brandmauer, die einmal den Halbkreis des Trajansmarktes von der hell aufstrahlenden Marmorpracht des Forums absonderte. Man betrat hier ein Schattenreich, die Unterwelt des Handelns und Feilschens, ein Reich voll Gestank und Lärm, in dem viel ausgespuckt wurde und das Fischblut in Strömen floß. Und doch wurde von hier aus die Versorgung mit den nötigsten Nahrungsmitteln gewährleistet. Es handelte sich also um einen eminent politischen Bezirk des alten Rom, so trivial seine Architektur auch erscheint. Fanden hier nicht die kostenlosen Getreideabgaben an das bedürftige Volk statt? Auf seine Weise war das kaiserzeitliche Rom doch auch ein Sozialstaat. Der Führer windet sich bei der Frage nach den *annonae*, den jährlichen Getreidespenden. Eine alte Dame aus der Gruppe der Studiosus-Reisenden hat das Zauberwort aufgebracht. Die Gier der Alten auf alles Antike, er kennt sie, auch ihre fast schon perverse Belesenheit. Die heimliche Verwandtschaft von faltiger Haut und porösen geschichtsträchtigen Steinen. Wir alle sehen jetzt die energischen, knochigen Hände der Dame, ihr Gesicht, diesen Atlas aus Leberflecken, das resolute Sonnenhütchen. Sie geht auf den Arm einer Reisebegleiterin gestützt, doch ihre Aussprache ist schneidend klar. Der Führer will sich aber nicht festnageln lassen, auch sind die Archäologen sich uneins: zumindest habe man keine größeren Speicherräume in der Nähe gefunden. Lieber erwähnt er noch einmal den Dichter Horaz, der so gern allein auf dem Markt umherspaziert sei. Nach Herzenslust sei er durch die Straßen gestreift, habe sich nach den Preisen erkundigt, habe lange bei den Wahrsagern verweilt, auch er schon der typische absichtslose Flaneur und Eindrückesammler, wie die meisten Dichter. In diesem Moment kreuzen sich unsere Blicke, und ich höre das Wort *homo novus*.

Horaz aber war nicht hier, wo die Besucher nun stehen und einen Wald von Fernsehantennen auf den Dächern ringsum bestaunen. Die Trajansmärkte gab es erst nach seiner Zeit. Seinen Einkaufsbummel habe er hinterm Circus Maximus begonnen, und die höchste Raffinesse des Feinschmeckers sei es gewesen, wenn er mit einer einzelnen Lauchzwiebel nach Hause kam.

CAMPIDOGLIO: DER PAPST

Erst eine Woche in Rom, und schon den Papst aus nächster Nähe gesehen, das nennt man Anfängerglück, oder? Wie es dazu kam, will ich erzählen. Plakate hatten es überall in der Stadt verkündet. Am Montagmorgen elf Uhr würde Seine Heiligkeit, Papst Benedikt XVI., auf dem Kapitolsplatz sich der Bevölkerung Roms zeigen. Es konnte also nicht schaden, dort einmal vorbeizuschauen, nachdem man die Kinder an ihrem ersten Schultag im Ausland in ihren neuen Klassenzimmern abgeliefert hatte. Die bange Frage betraf nur den Veranstaltungsort. Würde der Campidoglio, dieses Kleinjuwel des an gelungenen öffentlichen Plätzen so reich gesegneten Rom, die zu erwartenden Menschenmengen überhaupt fassen? Was nützte einem ein Standort unterhalb der grandiosen Rampentreppe des Michelangelo? An ihrem Ende schienen die Riesenskulpturen der Dioskuren Castor und Pollux verächtlich auf die Fußgänger herabzublicken. Die Absperrmaßnahmen entlang der Straße an den Kaiserforen und rund um den Kalksteingletscher des Vittorio-Emanuele-Monuments verhießen nichts Gutes. Bereits am Kolosseum, einen halben Kilometer vom Epizentrum des Geschehens entfernt, hatte man die Hoffnung aufgegeben. Und dann war alles ganz einfach. Das Paar mit dem Kinderwagen, im schlechten Stil von 70er-Jahre-Terroristen als friedliches Elternduo getarnt, erreichte die Straßensperre an der hinteren Auffahrt zum Forum Romanum, da lief durch die kleine, dort aufgestaute Passantengruppe schon dieses gewisse Erwartungsfieber, dem sich keiner entziehen kann. Kurz darauf bog der Papst um die Ecke – ein Satz, den einfach so hinzuschreiben etwas Unangemessenes hat, immerhin handelte es sich um eine Art Erscheinung. Die schwarze Mercedes-Limousine mit dem kleinen weißhaarigen, weißgewandeten Mann im Fond war von einem Schwarm von Motorradpolizisten eskortiert. Gewiß war da dies mädchenhafte Lächeln gewesen, aber hatte er uns auch wirklich zugewinkt? Oder war es nur ein Zitat von Dürers Gebetshänden gewesen, grüßend vorgestreckt hinter den getönten Scheiben? Dann öffnete sich der Kordon, und keine zehn Minuten später standen wir vor dem Senatorenpalast, inmitten einer durchaus überschaubaren Menschenmenge.

Wir hatten mit scharfen Einlaßkontrollen gerechnet, mit Detektoren, die einem das Rückgrat streichelten, filzigen Taschenvisiten, aber nichts dergleichen. Wer je die herrliche Treppenanlage mit den breiten Stufen erklomm, wird den Effekt der Spannungssteigerung kennen – als hätten Michelangelo und Hitchcock sich hier gemeinsam ans Werk gemacht. Ungehindert waren wir, samt Kinderwagen, hinaufgelangt auf diesen schönsten aller römischen Plätze. Helfer hatten Plastikfähnchen verteilt, in den vatikanischen Farben, bedruckt mit dem Wappen des Heiligen Stuhls. Nun stand man da wie auf dem Kirchentag, verkeilt zwischen kleineren Grüppchen von Transparententrägern, allesamt Laien, kein einziger Geistlicher darunter. Eine Großleinwand, vor dem Konservatorenpalast aufgespannt, hielt das Publikum derweil auf dem laufenden darüber, was drinnen im Rathaus geschah. Man sah Stadtverordnete, die sich von ihren Sitzen erhoben und den Papst mit gezückten Photo-Handys begrüßten. Das ganze kommunale Establishment war angetreten zum Händeschütteln. Zur Begrüßung wurde dem Kirchenoberhaupt ein Stadtplan des Alten Rom überreicht, ein Erinnerungsstück an die goldenen Zeiten der Bernini und Borromini. Draußen war der Bronzereiter des Mark Aurel umlagert von den Kamerateams der verschiedenen Fernsehsender: die Parade der Gleichgeschalteten. Dazu paßte es, daß auch das Standbild des Philosophen-Kaisers nur mehr eine Kopie war. Der echte steht heute nebenan im Museum. Christen des ersten Jahrtausends hielten ihn später für den Kaiser Konstantin, ihren Beschützer. Hätten sie in ihm den bloßen Verfasser einer stoischen Selbsterforschungsschrift erkannt, einen Heiden mit Griechen-Tic, sie hätten ihn eingeschmolzen wie alle seine Vorgänger, soviel ist sicher.

Ein netter Fernsehmensch, um den Hals baumelnd der Presseausweis, widmete sich dem blonden Lockenköpfchen in unserem Wagen und gab den Augenaufreißkomiker. Der Papst drinnen hatte nun Platz genommen vor der Ratsversammlung. Hinter ihm an der Wand prangten die Insignien der antiken Republik Rom, das Liktorenbündel und in Großbuchstaben die ehrwürdige Formel SPQR, heute das Zeichen der Kommunalverwaltung. Seltsamerweise verfehlt ihr Anblick nie seine Wirkung, wenigstens nicht auf mich, auch wenn man ihr im Stadtbild überall begegnen konnte, auf jedem Gullydeckel, an jeder Bushaltestelle. Nun hielt Signore Sindaco, der Bürgermeister mit einer gewichtigen Schärpe über dem Bauch, eine Ansprache. Die Rhetorik war blendend. Das Italienische selbst schien sie zu liefern mit seiner lustvollen Überbetonung der Silben. Es ging um die ewige Vorbildrolle der Stadt – »Roma città universale« – und darum, daß ihre Tradition dazu verpflichte, keinen Schritt zurückzuweichen vor dem Fundamentalismus, Terrorismus und Nihilismus unserer Zeiten. Der Papst sollte wissen, daß er in diesem Haus Verbündete hatte. Und dann folgte ein Satz, der an die Adresse der Papstkritiker ging, die in diesen Tagen wieder besonders laut bellten. Manche Politiker im Ausland schienen zu glauben, sie hätten es mit einem ihrer Amtskollegen zu tun. Ihnen mußte gesagt werden, daß der Mann, um dessentwillen man sich hier versammelt hatte (ohne den dies alles nur ein nichtiger Menschenauflauf gewesen wäre), die Verkörperung der katholischen Kirche selbst war. »Tu es Petrus«, hörte man den wenig sympathischen Hausherren ausrufen und registrierte an sich selbst die erleichternde Wirkung: dies mußte einmal gesagt werden.

Man weiß nicht, wieviel einem Papst solche Loyalitätsbekundungen bedeuten. Geht es mit rechten Dingen zu, wird er auch darüber noch stehen. Dieser jedenfalls ließ sich kaum etwas anmerken. Er lächelte nur immer sein mädchenhaft scheues und spitzbübisches Lächeln. Sein Vorgänger war hier noch in guter Erinnerung: der Papst, der auch Mensch war. Man erkannte es am sehnsüchtig aufbrandenden Beifall, sobald auf der Leinwand Szenen aus der Amtszeit Johannes Pauls des Zweiten eingeblendet wurden. Die Zeit des Kalten Krieges und seiner Helden weckte, nicht nur an dieser Stelle, Gefühle der Nostalgie. Dagegen hatte Joseph Alois Ratzinger, der Theologe im Vatikan, Verfasser einer Studie über Jesus von Nazareth, die hier auf Postämtern zum Verkauf ausliegt, zunächst wenig aufzubieten. Antwort darauf konnte nur Benedetto XVI., die Nummer 307 in der Abfolge nach dem Apostel Petrus, geben. Es lag nun in seiner Hand.

In seiner Erwiderung auf die Gefälligkeiten des Statthalters war von der einzigartigen Metropole die Rede, aber auch von einem postmodernen Rom, von Wirtschaftskrise und moralisch bedenklichen Zeiten. Wir, die pietätvollen Beobachter, gerieten über das Schreckenswort von der »eliminazione di dio« ins Grübeln. Mulmig wurde uns bei der Aufzählung der Grundübel westlicher Gegenwartskultur. Wie wenig inbrünstig dagegen die Beschwörung der ewigen Werte ausfiel, der Hinweis auf jene numinose Botschaft. Hatten doch Europas Geschichte und die der ganzen Welt einen anderen Verlauf genommen seit der Madonna *con il bambino*. (Daß um dies Heiligtum der Mutterschaft sich ein Apparat alter Männer kümmerte, wird wohl für immer zu den großen Rätseln unserer Religion gehören.) Hängen aber blieb das Bild von der Kirche als einem Herzen, das weltweit Abertausende Kapillaren versorgte.

Die Frühlingssonne hatte nun zu brennen angefangen. Langsam wurde es ungemütlich auf dem Platz mit dem Ornament eines kreisenden Sternes im Pflaster. Das hier war definitiv nichts für Klaustrophobiker. Die Gebäude in ihrer trapezförmigen Anordnung schienen allmählich zusammenzurücken. Wenigstens schlief das Kind im Schatten der Kameras. Durst erinnerte uns an ein Kunstwerk nebenan im Konservatorenpalast: die Bronzestatue einer säugenden Wölfin mit ihren acht ausgeprägten Zitzen. Man dachte an die kühlen Saalfluchten des Kapitolinischen Museums gegenüber dem Palazzo Nuovo. Einer der Amtsvorgänger, der Hedonist Sixtus IV., hatte an dieser Stelle eine Kunstsammlung eingerichtet (die älteste öffentlich zugängliche des Abendlandes), und vierhundert Jahre lang hatten Päpste sie reich mit nackten Göttern, Eroten und Satyrn bestückt. Aber solche Erleichterungen hob man sich besser für später auf. Denn nun war der Moment der Ansprache gekommen.

Seine Heiligkeit erschien hinter der Balustrade und wandte sich an die Bevölkerung Roms. Und da hörte man es nun auch in natura, das ein wenig brüchige Stimmchen mit dem unverkennbar bayerischen Akzent. Er schmeichelte den anwesenden Römern mit einer Liebeserklärung an ihre Stadt. *Roma è bella*, bestätigte er in wirkungsvoller Schlichtheit und schwärmte von der *poesia di questa città*. Zum Protokoll einer solchen Ansprache gehörte auch die Aufzählung der Stadtheiligen, unter denen Filippo Neri, der Humorist, noch immer deutlich hervorstach. Schließlich fielen selbst für uns, die zufälligen Schaulustigen, einige Brosamen ab. *Cari amici* waren wir nun geworden, liebe und teure Freunde, wie wir da ausharrten, in die Sonne blinzelten und zu dem kleinen Mann mit der weißen Kappe aufschauten. Sie erinnerte so sehr an die Kippah der Juden, daß man sich fragte, wie es je zu Animositäten zwischen den beiden Monotheismen hatte kommen können. (Man vergesse aber auch nicht, daß noch zu Zeiten von Goethes Italienreise ein päpstliches Edikt rechtskräftig war, das es den Juden *bei Lebensstrafe* untersagte, ihr Ghetto nach Sonnenuntergang zu verlassen. Mehr noch, es wird berichtet, wie Juden beiderlei Geschlechts, »zum Unterschied von anderen Menschen«, ein Zeichen von gelber Farbe zu tragen hatten ...) Der Papst konnte nicht sehen, wie zu seinen Füßen sich rechts und links Tiber und Nil, die mächtigen bärtigen Flußgötter, ausgestreckt hatten. In eine Nische unter dem Balkon eingerückt, thronte eine sitzende Minerva und gemahnte an ihren Tempel, der einmal am selben Ort gestanden hatte. Ihr jungfräulicher Ernst kontrastierte stark mit dem pennälerhaften Gebaren einiger Stadtverordneter oben im Saal. Über das Verhältnis von Kommune und Kurie ließ sich aus Sicht des Ausländers ohnehin nur spekulieren. Zwei der ältesten Institutionen Roms gaben sich die Ehre, aber es ging, wie das Presseaufgebot zeigte, hauptsächlich um den eingeschlossenen Dritten da unten, den Populus und das nützliche Heer der Touristen.

Zu den letzteren zählten auch wir, drei Deutsche in Rom, Gäste einer Künstlerresidenz in einem noblen Vorort. Am Sonntag hatten wir zufällig an einem Bauzaun das Plakat mit dem Pontifex Superstar erspäht, am Montag waren wir absichtslos aufgebrochen. Nun hatte das Ganze, dank der salonartig intimen Piazza, beinah den Charakter einer Privataudienz bekommen. Was wollte man mehr an einem solchen Frühlingstag, unter dem eisig blauen, wolkenlosen Himmel? Beinah wäre es aber doch noch zu einer Katastrophe gekommen. Die Menge war friedlich auseinandergegangen, es hieß noch einmal, den Carabinieri hinter den Absperrgittern zu gehorchen. Erst mußte der Papst sicher davonchauffiert werden in seinen eigenen Kleinstaat. Da ergab sich, beim Passieren der Piazza Venezia, eine häßliche Szene. Leibwächter in Zivil, wie überall auf der Welt mit Sonnenbrillen und kurzgeschorenen, verkabelten Köpfen, sprangen plötzlich aus den rückwärtigen Wagen und legten einen Gepardensprint Richtung Mercedes ein. Die Leute am Straßenrand verfolgten mit offenen Mündern, wie sie im Laufen hektisch an ihren Halftern fummelten, einige hatten auch schon die Waffe gezogen. Es sah nicht gut aus, und vor allem: es wirkte nicht eben amerikanisch professionell. Warum und weshalb das Ganze, ließ sich nicht sagen. Ob ein Verrückter sich dem Papst-Fahrzeug genähert hatte, ein verirrter Vespapilot? So abrupt der Zwischenfall eintrat, so rasch war er auch wieder vergessen. Dem *Corriere della Sera* wenigstens war er anderntags keine Meldung wert. Auf die Sicherheit des Papstes aber mochte man daraufhin nicht mehr so gewiß wetten.

Beschwingt ging man anschließend auf einen Kaffee in die *Bar Campidoglio* gegenüber, aus der bis weit auf die Straße hinaus Musik von Madonna erschallte. Nun war auch das Kind wach geworden und wurde, wie es hier Brauch ist, allgemein angehimmelt und mit Blick und Ansprache geherzt. Belauschter Kommentar einer deutschen Augenzeugin am Tresen: »Jetzt bin ich aber vielleicht froh.« Darauf der Ehemann: »Warum, weil du ihn gesehen hast?« Und sie: »Nein, wegen dem Segen.« Wir standen daneben, vor der gläsernen Vitrine mit all den köstlichen Pannini und Tramezzini, und fragten uns wortlos, wie lange wohl so eine Hochstimmung anhielt. Es hatte Zeiten gegeben, von denen las man in alten Romreisebüchern, da warf sich das Volk, wenn es den Papst in der Ferne auf einem Tragegestell hervorschweben sah, wie vom Donner gerührt auf die Erde. Von tumultartigem Geschrei, Weinkrämpfen der Privilegierten, die seiner ansichtig wurden, wird uns berichtet. Davon scheint heute nicht viel geblieben, kaum mehr als eine gewisse zerstreute Ehrerbietung. Schaut man denn auf die Uhr, wenn der Heilige Vater leibhaftig in Rufweite vor einem steht? Bohrt man denn in der Nase, spielt mit dem Presseausweis und brüllt laut sein »Pronto« ins Handy? Ein wenig entsetzt waren wir, platonische Vatikanverehrer, denn doch. Erst eine Woche in Rom und schon den Papst gesehen ... Sollte das heißen, unser einjähriger Aufenthalt hier war damit von höchster Stelle nun abgesegnet?

PIAZZA DEI CAVALIERI DI MALTE: DER KATZENPFLEGER

Ein nicht eben großer, etwas verwahrloster Platz auf dem Aventin tut sich auf. Man staunt, wenn man hört, diesen staubigen Flecken mit der Anmutung einer Sackgasse habe kein Geringerer als Piranesi entworfen, der umtriebige Kupferstecher, Selbstverleger und Amateurarchäologe. Ein einziges Mal nur hat er seine Eignung zum Architekten beweisen können: an dieser Stelle. Entstanden ist ein Ort, den man sich gut als Piranesi-Ansicht aus einer der graphischen Mappen vorstellen kann – wäre er nicht so aufgeräumt. Auf Piranesis Radierungen sind Roms Plätze meist ungepflastert, mit ihrem aufquellenden Schlamm an Schweinesuhlen erinnernd, von breiten Furchen durchzogen, Ackerland inmitten der Stadt. Vor allem fehlt es an dem üblichen Schlingpflanzenbewuchs, der den Ruinenszenen des Meisters immer etwas von Urwaldvegetation, von versunkener, indianischer Altkultur verleiht, so daß man meint, die römischen Tempelreste aus den Dschungeln Guatemalas auftauchen zu sehen. Anders als sein Zeitgenosse Winckelmann war Piranesi vollkommen besessen von der Monumentalität und dem Untergang Roms. Die vielgeschmähte Kopie war ihm allemal lieber als das entrückte und unangreifbar idealisierte Original. Er überging die erste zu Gunsten jener zweiten Antike, die er in Rom allerorten vor Augen hatte. Der Platz bezeugt mit seiner klassizistischen Anlage, in die sich das Hauptportal zum Konvent der Malteserritter fast unbemerkt einfügt, wie sehr der Architekt immun war gegen die von Winckelmann ausgelöste Griechen-Manie.

Hinter der Fassade mit den symmetrisch angeordneten Blindfenstern residiert noch heute der Großmeister des Ordens. Das aber scheint die Leute, die hier an manchem Sommertag Schlange stehen, wenig zu kümmern. Sie sind wegen des Schlüssellochblicks gekommen, der sich von hier bis hinüber zum Vatikan ergibt. Man beugt sich hinab und schaut durch den Miniaturrahmen in Portalform, der seinerseits das größere Bogenportal der Eingangspforte überträgt, in ein römisches Kaiserpanorama. Wie bei den alten Berliner Stereoskopen ist es der Bildausschnitt, der die Sensation erzeugt. Hinter einer schnurgeraden Gartenallee erscheint in der Ferne am anderen Tiberufer die Kuppel des Petersdoms. In diesem Augenblick läuft, mit einiger Wahrscheinlichkeit, eine Katze durchs Bild. Sie gehört zu den Tausenden in Rom herumstreunenden, herrenlos lebenden Wesen ihrer Art.

Im nahe gelegenen Parco Savello wird man ihnen wieder begegnen. Sie laufen dort wie die Seiltänzer auf der Mauerbrüstung entlang, die Lunte aufgerichtet und wie üblich hin und her schwingend, als vertikale Balancierstange. Sie tun dies, um auf sich aufmerksam zu machen, in der Hoffnung auf Futter. Es kommen besonders viele Spaziergänger in den Park. Die Aussicht vom Aventin auf die Kuppeln der Hauptkirchen Roms und das Flußbett des Tibers, das meist ausgetrocknet daliegt, ist legendär. Ein Mann im Trainingsanzug versieht das Amt des Katzenpflegers, für das im Alten Ägypten der Tempeldiener verantwortlich war. Neben einer der Parkbänke hat er einen kleinen Altar aus Futterdosen arrangiert, und er hat die letzte Lasche kaum abgezogen, da eilen die Tiere herbei und stürzen sich auf ihr Mahl. Es sind magere Wesen, oft im Wuchs etwas zurückgeblieben, Gelegenheitsesser mit dem Status von Obdachlosen und räudigem, auch grindigem Fell, insgesamt von ungesundem Aussehen. Man kann sie sich gut als Bewohner der unterirdischen Karzerarchitekturen des Piranesi vorstellen, Spukgeister, die nach Jahrhunderten ans Tageslicht zurückgekehrt sind. Nun spazieren sie in der Sonne Roms umher und erinnern Einheimische und Touristen an jene Schatten, deren einer, wie Goethe in einem Anfall maßlosen Zorns hervorstieß, mehr wert ist als dies ganze Geschlecht.

E
B
C
D
A
1
3
2

CARCER MAMERTINUS: DER MANN PAULUS

Natürlich war er auch darum nach Rom gekommen, um dort den Apostel Paulus zu finden. Das hatte er der alten Frau P., seiner Nachbarin aus Dresdner Kindheitstagen, im stillen versprochen, dieser guten Seele, die sich in der schulfreien Zeit und in den Sommerferien manchmal um ihn gekümmert hatte. Er war in seinem Leben nie auf einen frommeren Menschen getroffen. Ihr Mann, ein Angestellter bei der katholischen Kirchenverwaltung in Sachsen, war auf einer der seltenen Westreisen, die ihm zugebilligt wurden, einmal in Rom gewesen, aber ohne sie. Seine Frau mußte als Geisel zu Hause bleiben, für den Fall einer Republikflucht. Sie hatte die Herrlichkeiten, von denen sie gern erzählte, nie mit eigenen Augen gesehen. Und doch war das Haus, das sie als Hausfrau hütete, bis unters Dach mit Devotionalien vollgestopft, kleinen Marienbildchen und Kreuzen, farbigen Reproduktionen von Sankt Peter und San Giovanni in Laterano, und hier und da setzten Franziskus und Bernhard in ihren zerrissenen Mönchskutten kleine kommunistische Akzente in all dem postkartenbunten Heiligenscheinprunk. In der Küche, beim Zubereiten ihrer köstlichen Karamellbonbons, hatte sie ihn mit den Geschichten der christlichen Märtyrer unterhalten, und dazu gab es selbstgemachten Holundersaft. Sie hatte ihn als erste auf den Namen Paulus aufmerksam gemacht. Ihr verdankte er es, daß die Menge der biblischen Gestalten sich teilte und dieser eine ihm langsam, doch mit sicheren Schritten entgegenkam.

Später verschaffte er sich dann ein genaueres Bild von dem Mann aus der Stadt Tarsus, der so alt war wie Jesus Christus und doch so grundverschieden von diesem. Er sah das moralische Drama des ehemaligen Christenverfolgers, die überragende Intelligenz des wohlhabenden Pharisäers, die rasche Auffassungsgabe und Organisationskraft des ehrgeizigen römischen Stadtbürgers. Er begriff die nervöse Streitbarkeit des Überläufers, die in das milde Klima der gewaltfreien Frühchristengemeinden etwas von alttestamentarischer Unduldsamkeit brachte. Hier blitzte erstmals, in ihrer plötzlichen Schärfe, christliche Rationalität auf, weit entfernt noch von aller späteren verzweifelten

Militanz. Der Titel des *Doctor gentium*, eines gelehrten Erziehers des Heidengeschlechts, hatte ihm diesen Mann herausgehoben aus der Reihe der wohlmeinenden frommen Pioniere. Hier war einer, der Ernst gemacht hatte mit dem Universalismus der Heilsbotschaft. Paulus war derjenige, der nach allen Seiten hin gleichzeitig argumentierte, indem er griechische Lebenslehren und jüdische Gesetzestreue als ebenso partikular überführte wie die beschränkte Scheinorthodoxie der verschiedenen zerstrittenen Christengemeinden, auf die er unterwegs stieß. Er sah ihn glänzen in der Löwenpracht seines theologischen Ursprungsdenkens, einen Rhetor in unerhört neuer Sache, Stifter einer ganzen zukünftigen Predigertradition. Sein Stil geistiger Redlichkeit nahm gleichsam schon die hohe Mosaikkunst vorweg, die ihn dann in so vielen Altarbögen feierte. Er war beeindruckt von dem weitsichtig angelegten Propagandafeldzug des Völkermissionars, seiner Kampagne, die seinerzeit den ganzen östlichen Mittelmeerraum umspannte, immer auf Ausgleich bedacht mit den Truppen des Petrus. Und war nicht Paulus, wenn man es recht bedachte, der erste christliche Autor überhaupt? Seine Briefe waren älter noch als die Evangelien. Die anderen redeten viel über Jesus und seine Taten, er aber argumentierte für ihn als erster in Schriftform. Dieser eine Mann hatte Arbeit für Tausende geleistet und Hunderte Unterführer und Glaubenssoldaten ausgebildet, bevor er nach Rom kam und dort verschwand.

Kreuz und quer zieht sich die Spur des Heiligen durch die Stadt. Die wundersame Präsenz ist zum einen ein Effekt christlicher Topographie, sie bekommt aber leicht etwas Verwirrendes, bedenkt man, daß Paulus im römischen Reich ein Allerweltsname war. Ein Nobody wie der sagenhafte Weltenbummler *Kilroy*, war er immer schon vor einem dagewesen. Kein Aussichtspunkt, kein bedeutender Trümmerhaufen war vor ihm sicher. Man begegnete ihm in der Kantine einer Bürgerwehrkaserne in der antiken Hafenstadt Ostia, fand ihn, als zufriedenen Kunden verewigt, an einer Bordellwand, und so auf unzähligen Begräbnistafeln und Urnensockeln. In welcher Rolle auch immer er auftrat, als guter Ehegatte, Soldat, Magistratsbeamter oder Freigelassener, der sich demütig bei den Behörden bedankt, immer tat er es mit einem Selbstbewußtsein, das man den Inschriften anmerkte: Nicht irgendeiner – ich, Paulus, bin hier am Werk gewesen. Sein Name tauchte an so vielen Stellen gleichzeitig auf, daß man bald den Überblick verlor wie bei gewissen inflationären Erscheinungen im Telephonbuch. Selbst die Sparkasse am nächstgelegenen Supermarkt trug ihren *San Paolo* im Firmenschild.

Es zählt darum auch zu den detektivischen Vergnügungen, aus all diesen Pseudo-Paulussen den einzig wahren und echten herauszufinden. Und so macht man sich auf den Weg durch das Rom der Kirchen und Klöster, ignoriert, so gut es geht, die vielen päpstlichen Nachfolger gleichen Namens, ohne für deren Baufreudigkeit ganz blind zu sein, und hält immer gerade zu auf den einen. Es gibt Gemälde und Bildsäulen, kultische Steine und Andachtsräume, die sein Andenken in vielerlei Anspielungen bewahren. Es gibt ihn unterirdisch und hoch in den Lüften, über allem Straßenverkehr. In den Katakomben entlang der Via Appia Antica gehört die großäugige Figur des Kirchenmitbegründers und Ecksteins der Kirche zu den meistdargestellten – neben Petrus, versteht sich, der ihm wie ein Zwillingsbruder zur Seite steht (die beiden geben das christliche Dioskurenpaar und strahlen in ihrer Zweieinigkeit das alte römische Ideal des Füreinandereinstehens aus). Auf der Triumphsäule des Mark Aurel wacht er, das Schwert über der Schulter, hoch oben als Bronzefigur über die Stadt. Am Brückenkopf des Ponte San Angelo, gegenüber der Engelsburg, ist er zu den Fußgängern auf Schulterhöhe hinabgestiegen. Hier könnte man seinen Ansprachen lauschen wie damals die athenischen Skeptiker auf dem Felsen des Areopag.

In der Basilika Santa Maria Nova, die heute ein Zehntel vom Grundriß des einstmals größten heidnischen Tempels einnimmt (Venus und *Dea Roma* geweiht), sind hinterm Altar zwei Basaltblöcke in die Wand eingemauert. Sie zeigen tiefe Ausschabungen. Auf ihnen, erzählt man sich, haben Paulus und Petrus ihre Kniescheiben eingedrückt, als sie Gottes Beistand erflehten, daß er ihnen den Simon Magus, ihren gefährlichsten Konkurrenten, einen falschen Zauberer, zu entzaubern helfe. Der Arme blieb daraufhin vor Nero den Beweis seiner Flugkünste schuldig und fiel als Hochstapler vom Himmel, was den Rechtgläubigen Auftrieb gab, dem Kaiser aber die Stimmung verdarb. Vermutlich war dies die eine Anmaßung zuviel, die das Faß zum Überlaufen brachte und Paulus das Leben kostete. Er war nach Rom gekommen, um vor dem Kaiser Berufung einzulegen gegen die Anklagen der Jerusalemer Judengemeinde. Man hatte ihn dabei aufgegriffen, wie er einen Nicht-Juden in den Tempel führen wollte. Schon wenige Jahre nach seinem Tod, nach dem Feldzug des Titus, wird dieser Tempel in Schutt und Asche liegen, noch aber respektieren die römischen Besatzer das jüdische Gesetz, das solche Übertretung mit dem Tode bestraft. Die Apostelgeschichte, die nur den Erfolg kennt, schweigt sich über das Ende des Paulus aus. Dafür liefert sie uns ein Motiv, das man sich gut von einem Könner aus der Rembrandtzeit gemalt vorstellen könnte. »Er blieb zwei volle Jahre in seiner Mietwohnung und empfing alle, die zu ihm kamen.«

In der Basilika dei Santi Cosma e Damiano gleich nebenan zeigt ein frühchristliches Prachtmosaik einen dunkelhaarigen Paulus, dem Christus Pantokrator eine Schriftrolle hinhält. Vor dem nachtblauen Himmel erscheint er wie ein Senator in der weißen Toga, ein römischer Politiker mit Philosophenbart, der die göttliche Offenbarung entgegennimmt wie eine Cicero-Rede. In Santa Cecilia in Trastevere dieselbe Situation in einem Apsis-Mosaik aus dem neunten Jahrhundert, nur in verkleinerter Fassung. In der Kirche Santa Maria an der Piazza del Popolo wiederum kann man ihn als ehrgeizigen jungen Mann erleben. Caravaggio hat ihn zu schildern gewagt wie noch keiner zuvor. Bei ihm stürzt er als der gewöhnliche Saulus, der er nun einmal war, von einem gewöhnlichen Pferd. Die Szene auf dem Weg nach Damaskus zeigt einen römischen Beamten in mißlicher Lage. Er ist vom hohen Roß gefallen, und der alte Reitknecht und das verständige Tier schauen ihn mitleidig an. Der Übereifrige hat die Arme weit geöffnet, die Augen aber geschlossen: ein Karrierist, der blind seine Wandlung erwartet. Es liegt alles vor ihm, noch weiß er nichts von seinem zukünftigen Leben und Leiden. Caravaggio zeigt einen Unfall, bei dem ein Mann auf dem Hinterkopf aufschlägt und dabei sein Gedächtnis verliert. Die raffinierte Geschichte, in der die Amnesie aufgelöst wird, eines der magischen Erzählmomente der Bibel, steht dem Caravaggio-Jüngling erst noch bevor. Ihr Schauplatz ist wenig später Damaskus. Dort, in der sogenannten Geraden Straße (ein Ort, der in seiner euklidischen Unheimlichkeit das Zwangsläufige der Träume unterstreicht), erlebt Saulus die Vertauschung von Realwelt und visionärer Sphäre am Beispiel eines Mannes, von dem er geträumt hat, er würde kommen und ihm die Hand auflegen, damit er das Augenlicht wiedergewinne. Der Mann kommt, legt ihm die Hand auf, und Saulus sieht – und so wird aus ihm Paulus.

Seine letzte Ruhestätte befindet sich in der Basilika San Paolo außerhalb der Stadtmauern, an der staubigen Ausfahrtstraße nach Ostia. Die Gegend, triste Peripherie, ist heute von heruntergewirtschafteten Fabriken, Sportstadien und den Eisenskeletten verlassener Gasometer geprägt, die Kirche aber hat eine eigene Metrostation. Man will, daß die Pilger nicht nur busladungsweise dort anlanden. Dem Vatikan scheint viel an dieser Kultstätte zu liegen. Der Papst selbst hat hier seine Ehrenhalle, denn wie in einem Walhalla finden sich sämtliche Portraits aller Kirchenoberhäupter seit Petrus in chronologischer Reihe als Rundmosaike über dem Säulengang angebracht. Er sah nach oben und registrierte mit einem kleinen Schrecken den feinsinnig lächelnden Deutschen, der hier als einziger angestrahlt war. Würde der Scheinwerfer die ganze Amtszeit über in Betrieb sein? Nur Paulus fehlte, überlegte er weiter, wie nur der Laie es wagen konnte, und verwarf es dann doch, der harten Worte eingedenk, die jener für sich selbst gefunden hatte. Paulus, der Unerwünschte, die »Mißgeburt«, der Geringste unter den Aposteln, wie es im Ersten Korintherbrief hieß (15,9). Hinter dem Papstaltar fand er die Grabplatte, die auf dem abgewetzten Marmor die Inschrift trug *Paulo Apostolo Mart.* Man konnte sie durch ein Fenster betrachten. Vor kurzem erst hatte man dort Probebohrungen vorgenommen, auf der Suche nach einem Skelett ohne Schädel. Bis zur Stunde aber war noch nichts gefunden worden. Es war allein die Überlieferung, die nach und nach die Indizien anzog. Alles drehte sich um den gefährlich klugen Kopf, das Haupt mit der Engelszunge des ersten christlichen Intellektuellen.

Der Legende nach ist Paulus nicht weit von da, in der Nähe einer Quelle, die zu seiner Zeit *ad Aquas Salvias* hieß, enthauptet worden. Wenigstens erzählte man sich bis ins Mittelalter die Legende, daß dort, wo sein Haupt aufschlug und auskollerte – eins, zwei, drei –, je eine Quelle entsprang. Später erinnerte eine Abtei an die Exekution, und eine Marmorsäule wurde gezeigt, an die er während der Hinrichtung gefesselt war. Das zugehörige Schwert ist nie gefunden worden, als Attribut aber ist es den meisten der Paulus-Statuen seither beigegeben, umgedeutet in den Triumphgedanken der wehrhaften Kirche. In San Paolo steht an der Stelle, wo Kaiser Konstantin den ersten Altar ihm zu Ehren errichten ließ, die Marmorkiste mit seinen Gebeinen. Denn als römischer Bürger, der er war, bekam er nicht nur einen Prozeß nach den Regeln (und wurde wie der gemeine desertierte Soldat hingerichtet), er durfte auch ordnungsgemäß bestattet werden, im Gegensatz zu Petrus, den man nach seiner Kreuzigung wie viele andere einfach in einem der Massengräber verscharrte. Der Zirkus des Caligula (und später des Nero), die Kreuzigungsmanege mit den lüstern herbeiströmenden Zuschauern, blieb jedenfalls ihm, der sich mit einiger Hoffnung auf Rechtsprechung nach Rom aufgemacht hatte, erspart. In einem Glaskasten über dem Sarkophag zeigt man den Rest der Kette (neun Glieder), mit der seine Aufpasser ihn während des Hausarrests vor Prozeßbeginn sicherten. Wörtlich spielt auf sie der Brief an die Kolosser an, wo es heißt: »Denkt an meine Fesseln.« Leider geschah es, als er eben dabei war, sich in die kleine Figurengruppe auf der Schmuckvitrine zu konzentrieren (Paulus eskortiert von zwei römischen Soldaten), daß eine polnische Pilgergruppe eintraf. Auf ein Kommando des Reiseleiters warfen sich alle auf die Knie, und er mußte mit anhören, wie ein hastig gezischeltes Ave Maria nach dem anderen heruntergebetet wurde, mit einer so automatenhaften Staccato-Folgsamkeit, daß er alsbald den Rückzug antrat.

Es gab noch mehrere solcher Orte, an denen die Wünschelrute ausschlug. In der Kirche San Giovanni im Lateranspalast, dem älteren Amtssitz der Päpste, sah er einen prunkvollen, mehrstöckigen Altaraufbau, ein hochgotisch überzuckertes Ziborium, das jenes in der Papstbasilika San Paolo noch um einiges übertraf. Darin standen hoch oben auf einem Sockel, hinter goldenen Gittern, die gleichfalls goldüberzogenen Statuen von Peter und Paul. Offenbar war hier nun auch der fehlende Schädel des Propheten aufbewahrt oder vielmehr eingeschreint. An hohen Festtagen, hieß es, würde ihn der Kustode gegen ein Trinkgeld hervorholen und den Wallfahrern darbieten. Er aber wußte, daß er nie in den Genuß einer solchen Shakespeareszene kommen würde. Dazu war seine Verehrung des Paulus denn doch nicht inbrünstig genug. So mußte er sich mit einer der vielen Beschreibungen begnügen, die, einander ergänzend, ein Gesamtportrait des Apostels ergeben sollten. Etwa auch diese, die Michel de Montaigne in seinem Tagebuch festhielt: »St. Paul ist schwarz, hat ein breites und volleres Gesicht [als das des St. Petrus] und einen stärkeren Schädel, der Bart ist grau und dicht.« Wie gern hätte er wenigstens dieses Schädelstück betrachtet (und sei es nur, weil ihm der Menschenschädel mit seinen feinen, dunklen Zickzacknähten jedes Studium wert schien – als ließe sich an den Suturen die vollendete Lebensbahn ablesen).

Von solcher unbestimmten Caput-mortuum-Sehnsucht getrieben, verirrte er sich eines Tages auch in die Katakomben Roms, maßlos enttäuscht, daß er dort, in den Tiefen des Tuffgesteins, immer nur leere Grabnischen vorfand. Nur in ausgewählten, hinter Glas eigens angestrahlten Abteilungen gab es ein paar der ersehnten Knochenreste, das buchstäbliche Häuflein Asche, arrangiert für leichtgläubige Besucher wie ihn. Aber er wurde, da er nun einmal auf der Spur war, doch anderweitig entschädigt. Denn der, den er suchte, trat ihm hier plötzlich von der Wand einer Grabkammer entgegen, in einer der ältesten bildlichen Darstellungen überhaupt. In den Katakomben der Domitilla sah Paulus ihn vom Gewölbebogen eines Arcosoliums an, sein Kopf der eines Orientalen mit weit aufgerissenen Augen und dicken Lippen, in einer wildfarbigen Zeichnung von einer so fauvistischen Kühnheit des Strichs, daß er glaubte, einen Matisse oder Derain vor sich zu haben. Paulus war der Schirmherr jener urchristlichen Maulwurfswelt, eine Lichtgestalt für die Arbeiter im Bergwerk des Todes. Er stellte sich diese Leute bei ihrer anstrengenden und entsetzlichen Tätigkeit vor, immer der Verschüttungsgefahr ausgesetzt und dem zermürbenden Gestank, der von den gärenden Leichen ausging. Unheimlich muß das Dunkel gewesen sein, vom Flackerlicht der Ölfunzeln durchzuckt. Auf den Marmorplatten, mit denen manche der Grabnischen noch immer verschlossen waren, lag ein feiner Feuchtigkeitsfilm, und schaudernd dachte er dabei an kalten Schweiß. In der kirchlichen Hierarchie standen die Männer mit der Spitzhacke auf der untersten Stufe, auch wenn einigen die Arbeit in den Kellergewölben zu einem einträglichen Geschäft wurde. In der Katakombe des heiligen Calixtus hatte einer dieser Fossoren sich selbst und seiner Frau ein besonders komfortables Grab eingerichtet. Dessen einziger Schmuck war eine Darstellung des Paulus, dem ein Korb mit Schriftrollen beigegeben war, Zeichen seiner Gelehrsamkeit. Dies war der Mann, der wie kein zweiter (und doch als zweiter) die Auferstehung verkündet hatte; so überzeugend, daß er gehetzt von Ort zu Ort wandern mußte, nirgends je ankam, selten den Dünkel der Altgläubigen einmal ernsthaft durchbrach. Man traf ihn da unten immer wieder an, Anrufungen und Bittgebete in Griechisch und Latein bezeugten seine hohe Autorität in der dichten Finsternis der labyrinthischen Gänge.

Paulus war in den unterirdischen Begräbnisstätten schon genauso präsent wie nachher in den Krypten und Märtyrerbasiliken Roms, die sich aus ihnen entwickeln sollten – *ad corpus*, über den Knochenresten des einen oder anderen Märtyrers. Aber irgendwo war gewiß auch die Stelle, heute nur mehr ein Luftloch, wo er im stillen an Vergils Wohnungstür gekratzt hatte. Im Mittelalter erzählte man sich, der belesene Paulus habe den römischen Dichter aus tiefstem Herzen verehrt. Ganz unwahrscheinlich ist eine solche Querverbindung nicht. Vergils Vierte Ekloge, die in messianischer Stimmung die Geburt eines göttergleichen Kindes verkündet (den neuen Friedensfürsten, wie man zugunsten des Kaisers Augustus annahm), galt unter den Frühchristen als Dokument heidnischer Vorahnung. Vergil war beliebt für sein Zartgefühl, warum nicht auch bei dem empfindsamen Paulus? Es hat seinen Reiz, sich den temperamentvollen Briefeschreiber, der nicht umsonst oft mit einem Buch unterm Arm dargestellt wird, in seiner römischen Mietwohnung vorzustellen, beim Deklamieren Vergilischer Verse. »Grauen herrscht rings, es entsetzt sich der Geist sogar vor der Stille …«

Alle die genannten Weihestätten aber verblassen vor jenem Ort, der wohl am ehesten noch den Ausdruck Originalschauplatz verdient. In den Reiseführern ist er bekannt als der Mamertinische Kerker, das Staatsgefängnis aus frühester Königszeit, tief in den Felsen gehauen unterhalb des Kapitolinischen Hügels. Es ist eines der ältesten Gemäuer des alten Rom, und man verpaßt es leicht, wenn man die holprige Pflastergasse, die von der Straße der Kaiserforen abzweigt, hinabsteigt und nur Augen hat für den mächtigen Triumphbogen des Septimius Severus, der einen ins Tal des Forum Romanum zieht. Der Geschichtsschreiber Sallust erwähnt es in seiner »Verschwörung des Catilina« unter dem älteren Namen *Tullianum*. Damit war eine Quelle gemeint, über der sich einstmals ein Rundbau erhob, nach Art der alten etruskischen Kuppelgräber. Plutarch malt in seinen Biographien das grausige Detail, wie man dort den Numiderkönig Jugurtha als Kriegsgefangenen in die dunkle Grube stieß und schließlich erwürgte. Heute erwartet den Besucher an diesem archaischen Schauerort ein kurzer Abstieg in drei Etappen. Draußen an der Balustrade aus Travertin stimmt ein Relief aus dem dreizehnten Jahrhundert ihn auf das Kommende ein. Petrus und Paulus, die beiden prominentesten Häftlinge seit der Zeitenwende, schauten da aus einem Gitterfenster auf ihn herab, aber sie sahen aus, als wären sie auf ewig Zeitgenossen Dantes, der von sich gesagt hatte: »Aeneas bin ich nicht und bin nicht Paulus.« Es hätten Handwerker sein können aus einer der oberitalienischen Städte zur Zeit der Frührenaissance, tüchtige Steinmetze etwa oder die Bronzegießer, denen so mancher Dom seine hohen Türen verdankte. Der echte Paulus dagegen hatte, ganz dem Nomadendasein des Missionars verpflichtet, seinen Lebensunterhalt als Zeltmacher verdient. Doch hätte die Personenbeschreibung, wie sie die *Paulusakten* überliefern, gut auf den Mann da oben im Relieffeld zutreffen können. »Ein Mann klein von Gestalt, mit kahlem Kopf und krummen Beinen, in edler Haltung mit zusammengewachsenen Augenbrauen und ein klein wenig hervortretender Nase, voller Freundlichkeit ...« Schien da nicht das Bild von einem christlichen Sokrates auf? Er sah hinauf und konnte sich plötzlich lebhaft den Archetypus vorstellen, zu dem die Legende des Johannes Chrysostomos paßte, von dem man sagte, er habe sich zu Hause mit einem Bildnis des Paulus unterhalten, als ob der Dargestellte lebendig sei. Das war der Moment, da Rom ihn zum ersten Mal mit seinem vielfach gezackten Zeitstrahl durchfuhr. Und so zog es ihn hinab, und er mußte, ganz gegen seinen Willen, in den Untergrund folgen.

Zuoberst lag eine kleine Kapelle, es empfing ihn ein Marterkreuz. Eine Etage tiefer war er schon selbst gefangen wie in einem ausweglosen Traum. Ein Tonnengewölbe aus mächtigen Steinblöcken umschloß ihn, und noch einmal tauchten da auf einem vergitterten Altar, von Ampeln beleuchtet, die beiden bärtigen Gründerväter auf in historistischer Theatralik, zwei Menschenrechtler, die sich ihrer Sache bereits sicher waren, trotz aller Rückschläge. Und dann kam jener unterste, dunkelste Raum, ein niedriges Kellerverlies, das auch den abgebrühtesten Höhlengänger das Fürchten lehrte. Unwillkürlich zog er den Kopf ein vor der kaum mannshohen Decke, in der noch immer das roh in den Stein gehauene Loch drohte, durch das die Unglücklichen einstmals hinabgeworfen wurden. Glaubt man den Berichten, so war die Alternative da unten: verhungern oder erdrosselt werden. Kaum hatte er dieses schrecklichste aller römischen Souterrains betreten, bereute er es auch schon. Was für ein widersinnig gefahrensüchtiges Wesen der Mensch doch ist. Oder fehlt es ihm immer nur an der nötigen Phantasie? Es zieht ihn an Kraterränder und Unfallstellen, und wo dicke Rauchschwaden aufwallen, muß er mit eigenen Augen auch noch die Flammen betrachten aus nächster Nähe. Ich weiß noch, wie ich einmal beim Besuch einer Tropfsteinhöhle vom Weg abkam: nur eine Biegung noch und dann noch eine, unwiderstehlich trieb es mich fort. Und so war es auch hier. Es roch nach Menschenopfern in dieser unterirdischen Felsenkammer, und man war denkbar weit entfernt hier von jeder Absolution. Wer weiß, mit wieviel Blut diese Steinquadern getränkt waren. Jetzt brannte da ein elektrisches Licht, aber damals muß das Dunkel so vollkommen gewesen sein, daß auch kein Heiligenschein es durchdrungen hätte. Welche blinde Neugier hatte ihn an diesen unmöglichen Ort getrieben? Da war eine Marmorsäule, schon wieder eine, an der sein Held angekettet war während der *mamertinischen* Episode, der vorletzten Station seiner Lebensreise in die menschheitsgeschichtliche Ewigkeit. Sieben Monate lang saß er in diesem Felsenloch in Gefangenschaft. Von Petrus geht die Legende, er habe seine beiden Kerkermeister und siebenundvierzig Mitgefangene da unten zum christlichen Glauben bekehrt. Da es an Taufwasser fehlte, aktivierte er *miracolosamente* eine Quelle, die es seit den Tagen des Romus und Remulus dort wohl gegeben hatte. Von Paulus ist nichts dergleichen überliefert, auch nicht in der wundersamen, erzählfreudigen *Legenda Aurea*, und so fehlt es auch hier an der nötigen Theaterszene, die einen Guido Reni, einen Rembrandt hätte anregen können. Es war die reine Abwesenheit, das Fehlen eines Anschlusses wie in einem abgebrochenen Fortsetzungsroman, die ihn zur Umkehr zwang. Die Vorstellung, eine Nacht dort eingesperrt zu sein, löste einen gelinden Fluchtreflex aus. Jetzt wollte er nur noch weg, und er bahnte sich, ein wenig rücksichtslos, einen Weg durch die entgegenkommenden Besucher. Auf halber Treppe mußte er kehrtmachen, um eine Gruppe von Nonnen vorbeizulassen. Da bemerkte er eine einzelne kleine Frau in der Ecke, die dort offenbar schon seit geraumer Zeit stehengeblieben war. Sie schien sehr genau die Kratzspuren und die eingeritzten Initialen im Gemäuer zu studieren, als wäre da ein Indiz, dem man unbedingt nachgehen mußte. Es konnte kein Zufall sein, daß er erst vor kurzem wieder an seine Dresdener Betreuerin, die so lange vergessene, gedacht hatte. Die alte Dame dort glich mit ihrer italienischen Physiognomie bis aufs Haar – auf dieses dunkle, leicht schüttere, von grauen Spitzen durchsetzte Haar – der frommen Frau P., nur daß diese vor Jahren schon in einem katholischen Schwesternheim gestorben war. Zum letzten Mal wieder begegnet war er ihr nach einem Vorlesungsabend in einem Theaterclub der Heimatstadt. Damals war sie, auf Kindergröße geschrumpft, wie ihm schien, am Arm einer Ordensschwester auf ihn zugekommen mit der schüchtern und doch bestimmt vorgebrachten Frage »Erinnerst du dich noch an deine alte Nachbarin?«.

Er schien die Person dort zu kennen, aber gesunder Menschenverstand sagte ihm, daß sie unmöglich an diesem Ort, unmöglich Anno Domini 2009 auftauchen konnte. Verstohlen blickte er eine Weile zu ihr hinüber und vergaß, wo er war. Konnte der Katholizismus, streng praktiziert, einen Menschen denn bis in sein Äußeres prägen? Schlug religiöse Praxis sich zuletzt im Phänotyp nieder? Dies war ein Gedanke, den er schon öfter gehabt hatte, beim Anblick mancher der Zeugen Jehovas, die in den Fußgängerzonen ihre »Wachturm«-Broschüren verteilten. War er zu weit gegangen und nun in Rom auf gewisse Traumschichten gestoßen, die besser verschüttet geblieben wären? Wie war er denn überhaupt auf die Idee gekommen, die Spur des großen Urchristen, Uranarchisten aufzunehmen, er, der sonst so allergisch, beinah noch jungfräulich war in Glaubensfragen? Bis hierher war er dem Missionar gefolgt, nun war mit ihm ein vergessenes Stück seiner Kindheit zurückgekehrt in Gestalt dieser Frau, die ihn dunkel an eine andere Frau erinnerte. Dieser anderen zuliebe, einer Abgesandten aus Dresdner Fernen, war er tagelang durch die Kirchen Roms gestreift. Dieser anderen mußte er einmal, in einem Augenblick, der ihn dauerhaft irritierte, ein Versprechen gegeben haben, das er nun unbewußt eingelöst hatte. Er trat hinaus ans Tageslicht, blinzelte hinüber zum Bogen des afrikanischen Soldatenkaisers, der, vom Fundament abgeschnitten, dicht vor ihm auftauchte in seiner ganzen triumphierenden Brutalität. Er war geblendet von der gleißenden Helligkeit des Marmors, war wie vom Donner gerührt.

Kein Jahr später geht durch die Weltpresse die Nachricht von einem Sensationsfund. In den Katakomben der Thekla (einer Schülerin des Paulus), unweit der Hinrichtungsstätte des Apostels, wurde sein bislang ältestes Portraitbild entdeckt. Ein Laserstrahl legte in einer der Grabkammern die farbige Deckenmalerei frei. Sie stammt aus dem vierten nachchristlichen Jahrhundert.

STRASSE DER KAISERFOREN: EIN AFRIKANER

Wie war er nur hierhergekommen? Er saß da in der Aprilsonne auf einer Parkbank, etwas versteckt, von Büschen beschirmt in einer Nische, auf der Terrasse hinter dem Konservatorenpalast, und hatte das Gesicht in den Händen vergraben. Es war nicht so, daß er schlief oder döste, er war nur zu Tode erschöpft. Er hätte auch knien können oder auf dem Rasen liegen, wie einer dieser schwarzen Profifußballer, nach einem Foul zusammengebrochen am Spielfeldrand. Nicht weit von ihm spielten zwei Kinder an einem Münzfernrohr. Es erinnerte mit seinen großen Augenbögen an afrikanische Fetischmasken, an eine in Stahl gegossene Holzschnitzerei. Von hier aus konnte man hinübersehen zum Trajansmarkt und zum angrenzenden Forum des Kaisers Nerva. Das waren weißgraue Steingerippe, die in der Sonne schmorten. Der schwarze Mann aber wollte nichts sehen. Er sah aus wie einer, der schon zu viel gesehen hatte. Es lohnte nicht, aufzublicken, weder hier noch anderswo in dieser Stadt, die ihm nicht freundlich gesinnt war. Er war das Urbild der Hoffnungslosigkeit, eine unglückliche Existenz. Die körperliche Schönheit der hochgewachsenen Athletenfigur hätte eine Leni Riefenstahl entzückt, aber was nützte sie ihm? Er war ein Ausgestoßener, einer der vielen, die man tagsüber herumziehen sah als fliegende Händler und Krimskramsverkäufer. Die Bessergestellten breiteten am Straßenrand, auf den Tiberbrücken Decken aus, holten aus schwarzen Plastiksäcken ihre Ware: eine Reihe von Lederprodukten, gefälschten Markenartikeln, vorwiegend Taschen und Gürtel, und sie waren verschwunden, noch ehe die Rollkommandos der Carabinieri zuschlagen konnten. Sie warnten einander, sobald einer der Uniformierten die Operettenbühne betrat. Es sah immer ein wenig wie Theater aus, aber für sie war es ernst. Die Rangniederen zogen mit Packen von Papiertaschentüchern, Herrensocken und Spielzeug *Made in China* umher, pfiffen den Leuten nach oder bettelten verstohlen. Er aber saß da mit leeren Händen und schien nur zu warten. Es gab ihm sofort einen Teil der verlorenen Würde zurück. Er war hier gestrandet und hatte keinen Grund, es zu verbergen. Sollte er sich mit Bronzefarbe beschmieren, sich als Mumie verkleiden und Stunden in der Sonne stehen mit einem Geldnapf zu Füßen, wie diese tamilischen Clowns im Touristenstrom? Das Geschäft ging gut, nur daß die Reviere scharf aufgeteilt waren: hier die Einheimischen im Gladiatorenkostüm oder dem eines römischen Legionärs, zum Erinnerungsphoto bereit, dort die kleinen flinken Hindus in der goldenen Pharaonentracht. Er dachte nicht daran, er war ein Abgesandter des Kontinents Afrika, Nachfahre stolzer Kriegerstämme, ein Elektriker aus Nigeria, ein Grundschullehrer aus Gabun.

Wer weiß, wann er aus seinem Dorf aufgebrochen war, um nachher Tausende Kilometer auf klapprigem Laster durch die Sahara zu fahren, in einer Menschentraube, auf einer der ältesten Sklavenrouten bis an die libysche Grenze. Hätte man seinen Weg zurückverfolgt, man wäre auf trübe Schlafplätze in den Wohnheimen der Illegalen gestoßen, rohe Betonkästen am Stadtrand, zwischen Schnellstraßenabfahrten hingeklotzt. Dahinter wären Baracken sichtbar geworden, Wachtürme von Flüchtlingslagern, umgeben von Stacheldrahtzaun, und Menschenschlangen bei der Essenausgabe. Oder Lampedusa, die Internierungsinsel fern im Mittelmeer, der südlichste Außenposten Italiens. Und dann eins dieser Schlepperboote, denen unterwegs regelmäßig das Benzin ausging, und Schiffe, die gleichmütig ihren Kurs beibehielten, vorbei an den Leuten in Seenot. Das Drama des langsamen Verhungerns, Verdurstens: Hubschrauber drehten dann über den Leichen ihre Runden. Die dunklen Flecke da unten waren Köpfe; wie Kokosnüsse trieben sie auf dem gnadenlos blauen homerischen Meer.

Mit einem scheuen Seitenblick sah er sich diesen Kopf an, der schwer in die Hände gesunken war. Dieser Mensch hatte seine Welt verloren, er besaß nichts als das nackte Leben. Was für Geschichten wohl in diesem Schädel verschlossen lagen? Wie unnahbar den Mann sein fremdes, tragisches Dasein machte. Er hatte etwas von dem bronzenen Faustkämpfer aus den Thermen des Diokletian. Wer den antiken Athleten einmal sah, wird ihn schwerlich wieder vergessen. Die Hände bandagiert, Ledermanschetten am Unterarm, sitzt er da mit zerschlagener Nase, am ganzen Körper Narben und offene Wunden, die auf dem dunklen Metall purpurrot markiert sind, so wie die keuchend geöffneten Lippen, die Schmisse unterm Jochbein. Sein enormer Rücken ist, in der Tradition der Herkules-Statuen, eine einzige gedrungene Muskellandschaft. Sie wartet auf den Masseur, der die Schmerzen für Augenblicke vergessen läßt. Doch während der Boxer in der Manier des Lysippus über die Schulter aufwärts blickt, mit dem flehenden Ausdruck des Kleinkinds gegenüber den Autoritäten, schaute der Mann auf seiner Parkbank keinen mehr an. Es gab keinen Kampf, den der Staatenlose hätte ausfechten können, keine Zuschauer für sein tägliches Überlebensdrama. Für die Menge war er unsichtbar, eine überflüssige Erscheinung in dieser Herberge ältester Christenheit. Was ging ihn die Kunstgeschichte, was ging ihn die weltberühmte Aussicht an? Er saß auf der Anhöhe über dem Forum Romanum wie der Narr auf dem Hügel. Er konnte nur warten, warten auf seinesgleichen.

VILLA TORLONIA: DER BLINDE JUNGE

Hunderte Runden hatte er, über die Monate hin, im gelegentlichen Morgenlauf durch jenen Park gedreht, in dem der Duce einst seine Privatresidenz unterhielt. Das Casino Nobile war ein weißer Flügelbau von der Art, wie sie sich in der Neuen Welt hin und wieder die Sklavenhalter leisteten, aber auch die Verfassungsväter der Vereinigten Staaten. Der Fürst Torlonia, einsamer Nachfahr aus neureichem Industrieadel, hatte es Mussolini als Refugium überlassen, und dieser hatte dort bis zum Ende seiner blutigen Operette über mehr als zwanzig Jahre gewohnt, zum symbolischen Jahresmietzins von einer Lira. Auch ein Bunker war, nach den ersten Bomberattacken auf Rom, noch angebaut worden, blieb aber ungenutzt, weil er nicht rechtzeitig fertig wurde. Manchmal, wenn er sich durch die ansteigende Morgenhitze kämpfte, schaute er verstohlen zu der säulengeschmückten Villa mit dem Tempelvorbau hinüber. Im ersten Stock hatten dort auf der Rückseite die Privatgemächer des obersten Faschisten gelegen. Die Eheleute hatten getrennte Schlafzimmer, und der direkteste Weg zueinander war der über die sehr herrschaftliche große Terrasse gewesen.

In der dritten Runde, wenn die Kehle endgültig trocken war und die ersten Halluzinationen einsetzten, meinte er mitunter, einen Schatten über die Terrasse huschen zu sehen, eine Erscheinung von eher korpulenter Statur. Dies mochte nun entweder Donna Rachele sein, die bäuerlich rundliche Führergattin im schlichten leinenen Hauskleid, oder der Diktator höchstpersönlich, vorzugsweise im Sportdreß, in dem der gewiefte Propagandaprofi sich den Boulevardblättern seiner Zeit so gern präsentierte. Wenn es denn Geister waren, und nicht nur die armen Reinigungskräfte, Aufsichtspersonen, Hausmeister, so wurden sie jedenfalls von grundverschiedenen Sorgen umgetrieben. Dem einen raubten die Hühner aus der hauseigenen Zucht den Schlaf, den anderen ließen Italias Abenteuer nicht los und die Großmachtallüren des teutonischen Waffenbruders. Er sah sie immer nur für Sekunden, dann forderte der Schlängelweg um das Bassin und den traurigen Familien-Obelisken der Torlonias wieder alle Aufmerksamkeit. Ein paar gerupfte Königspalmen mit ihren braungebrannten

Blättern erzeugten eine Stimmung von Tropentristesse und verblaßter kolonialer Grandezza.

Die Lauferei war natürlich ein Vorwand. In Wirklichkeit hatte es ihm der Park angetan, dies elegante, todschicke Gelände in nächster Nachbarschaft, und die seltsamen Menschentypen, die sich von ihm angezogen fühlten. Am wenigsten interessant waren noch die Hundehalter. Es fiel ihm auf, daß Italiener dazu neigten, ihre kleinen und großen Biester systematisch zu verziehen. Bei Kollisionen war stets der Fußgänger schuld, dummes Querfeldeinstreunen wurde mit matten Hinterherrufen bedacht, ebenso das unbeholfene Bejagen vagabundierender Tauben und herumhüpfender Krähen. Alles, selbst die wortreiche Aufregung nach dem Anbellen und Anspringen Unbeteiligter, vom Häufchenmachen am ergrauten Gemäuer irgendwelcher Pseudoruinen zu schweigen, blieb geradezu böswillig konsequenzlos. Die zweite Gruppe, die er bald auszublenden lernte, waren die Gärtner. Sie konnten als die Leidtragenden der großstadtneurotischen Hundehalterei gelten, in ihrem geschäftigen Grimm ausgemachte Feinde der Vierbeiner. Mit ihren weißen Mehrzweckfahrzeugen, Kehrmaschinen einer neuen Ära der Hortikultur, standen sie einem allenthalben im Wege. Im Hochsommer sah man sie mit Elektromähern über die Wiesen schreiten, im Herbst wurde das Laubgebläse geschwungen, und sie wußten genau, warum sie dazu einen Mundschutz trugen. Der Läufer bekam dann den giftigen Gartenstaub, der aufgewirbelt wurde, diesen arkadischen Dreck, mitten ins Gesicht geschleudert.

Seine stille Freude waren die Sonderlinge. Diese halb in Gedanken versunkenen, halb mit der Umgebung verschmolzenen, langsam nur sich bewegenden oder in sich gekehrten Geschöpfe waren es, Schildkröten in Menschengestalt, derentwegen er seine Runden drehte. Es gab die Alte mit der ausgebreiteten Zeitung auf dem Schoß, doch las sie nicht etwa, sondern aß schon morgens geräucherten Fisch, immer dieselben kleinen Portionen, die sie sich mit einem Klappmesser zurechtschnitt. Dann war da die junge Frau mit dem ins Profil gedrehten Gesicht, eine klassische Schönheit. Sie schien direkt einer der altrömischen Gemmen entsprungen. Und wenn sie wie unabsichtlich den Kopf wandte, sah man die bis dahin verborgene Gesichtshälfte mit den rosigen Verbrennungsnarben. Seltener, und daher mit größerer Span nung erwartet, war das Männchen, das im Strampelanzug aus gelbem Frottee seine Tai-Chi-Übungen praktizierte. Es stand exakt in der Mitte des kleinen Platzes, den der Imperator für seine Privatparaden angelegt hatte, zwischen den beiden Betontribünen, die nun verfielen. In höchster Konzentration, als sollte es von den geschlossenen Augenlidern einen schwierigen Text ablesen, gab es sich den langsamen, goldfischhaft fließenden Bewegungen hin. Dann war da die Gruppe der drei Orakelweiber, die immer die Köpfe zusammensteckten, hastig wie die Schulmädchen rauchend, in einer von Gestrüpp separierten Ecke des Parks. Oder der dürre, weißhaarige Herr im Polohemd, dessen Stammplatz die Bank hinter der großen Voliere war, von der nur noch das Drahtskelett zeugte. Dort saß er in seinen kurzen Hosen oder ging, ein behaarter Stelzvogel, davor auf und ab und studierte seinen Mondkalender, eine dicke Broschüre, die auf dem Umschlag die Worte *luna* und *almanacco* trug. Es war, auch mit einer vollen Körperdrehung im Vorbeirennen, nicht auszumachen, ob es sich dabei um ein Monatsmagazin oder einen der populären Ratgeber handelte, doch deutete die abgegriffene Paperbackausgabe auf fortgesetzte Lektüre. Gewisse Gestalten tauchten nur einmal auf, und man sah sie nie wieder. Bei einigen war es zweifelhaft, was sie da eigentlich trieben. Sie drückten sich mal hier, mal dort herum und kamen an anderer Stelle unvermittelt wieder zum Vorschein, wie die auf und ab wogenden Köpfe der Spieler auf einer weitläufigen Golfanlage. Auch hinter dem häßlichen Madonnenschrein, in der Gruppe großer Gesteinsbrocken, die von fern an die Affenfelsen im Zoologischen Garten erinnerten, hatte einer Posten bezogen. Er hockte dort in der seltsam zweideutigen Pose eines Buschmannes, der mit dem Stock in der Asche rührt. Er spähte den Grazien nach, die mit hüpfenden, überschwappenden Brüsten den Hügel heraufkeuchten, nicht selten drei oder vier, die eine Laufgemeinschaft bildeten: eine volle Breitseite Frau. Und von seiner Art gab es noch manchen Schwerenöter im Park der Villa Torlonia.

Einmal kam ihm ein halbwüchsiger Junge entgegen, in Begleitung zweier älterer Herren, die beide identische Hüte trugen. Der Junge hielt, von den Männern unter den Armen gestützt, einen Stab in der Faust, ein Gebilde aus Teleskopsegmenten, das ihm gleichzeitig Tastinstrument und Wanderstock war. Man hätte glauben können, die beiden schleppten einen Verhafteten fort. Es fehlte nicht viel, und er hätte das Trio über den Haufen gerannt. Erst an den seltsam tappenden, dann wieder ruckartigen Bewegungen bemerkte er seinen Irrtum. Mit gefrorenen Augäpfeln wich da ein pickeliger junger Mann vor ihm zurück, der aussah, als habe ein Schockerlebnis ihn für immer in den Jahren der Pubertät arretiert.

PIAZZA ISTRIA: DER ANTIQUITÄTENHÄNDLER

Auch er blieb, das zeigte sich schon nach wenigen Tagen, wie alle Einheimischen an sein Stadtviertel gebunden. Darin war das römische Alltagsleben nicht anders als jenes zu Hause. Nach wenigen Routinegängen kannte er alle die nötigen Wege auswendig wie ein Hund sein Revier. Vor dem Schlafengehen durchlief er sie mitunter noch einmal, und siehe da: er fand sich in ihnen genauso traumwandlerisch sicher zurecht wie in seinem Berliner Stammquartier. Nomentano, so hieß das römische Gegenstück, war ihm mit seinem imaginären Zentrum, der Piazza Bologna, vom ersten Besuch des Postamtes an vertraut. Schloß er die Augen, sah er den nierenförmig an den Platz mit der Kreisverkehrsführung sich schmiegenden Bau, ein betrunkenes, zebragestreiftes U-Boot, äußerlich etwas abgeschabt, das dort auf seine Versenkung oder Versteigerung wartete, während im Innern der Schalterbetrieb rege weiterging, die Leute ihre Nummern zogen, sich auf den Wartebänken verteilten und – einschliefen. Da er immer nur Briefmarken erwarb oder einzelne, überformatige Kuverts abgab, die von den draußen angebrachten roten Postkästen (vom Schlitz mit der Aufschrift *Per tutte le altre destinazioni*) nicht geschluckt wurden, hielt er sich nie länger als einige Minuten darin auf. Um so mehr Zeit blieb ihm, vor dem Gebäude zurückzutreten, es von oben bis unten wonnevoll zu betrachten, den Platz zu umrunden und anschließend die Inspektion des Viertels in einer der strahlenförmig abgehenden Seitenstraßen fortzusetzen. Dies wiederholte er so lange und beharrlich, bis der Kartograph in ihm sich zufriedengab und alle Straßenzüge gespeichert hatte mit ihren charakteristischen Ecken.

Als erstes schloß er die Wäschereien ins Herz, die sich in kluger Abwechslung als *Lavanderia* oder *Tintoria* ankündigten. Letztere erinnerten daran, daß dort nicht nur das Dampfbügeleisen regierte, zumeist von der Chefin selber geschwungen, sondern in Hinterzimmern einst auch Färberbottiche standen. Seltsamerweise dachte er dabei oft an eine amerikanische Riesenwaschmaschine, hinter deren Bullauge ein

Tintenfisch seine Arbeit verrichtete. Seine Sachen wanderten alle in eine Reinigung, über deren Tür das Wort *Tintoria* in bunten Buchstaben prangte, wie aus einem Kindermalbogen ausgeschnitten. Es machte nichts, daß man seine Hemden mit gewissen Schattenkonturen am Kragen wiederbekam, solange sie nur kräftig geplättet und duftend wie Blumensträuße in Folie eingepackt waren.

Als nächstes gab es da die Caffetterias und Bars, jene oft korridorschmalen Stützpunkte mit der großen, chromblitzenden Kaffeemaschine hinterm Tresen, die für das öffentliche Leben einer italienischen Stadt so wichtig waren. Auch er hatte sich mit seinen Lieben bald feste Besuchszeiten angewöhnt. Jeden Morgen ging es reihum in eine der vitrinenbestückten Frühstückskapellen. Dann ließ man den Löffel im Orangensaft klingeln, spreizte fachmännisch die Finger ab beim Schlürfen des geschäumten Milchkaffees oder des *Cappuccino* und verbiß sich in ein Hörnchen, *Cornetto* genannt, daß einem der Puderzucker unter der Nase stäubte. Durch die Scheiben beäugte man, selber als Aquariumsfisch von draußen begafft, die vorüberziehenden Anwohner mit ihren Pickeln und Päckchen.

Da war der Mann von der Videothek gegenüber, der seinen Kunden immer aufs neue die Funktion eines außen an seinem Laden angebrachten gelben Automaten erklärte, der es ihnen erlaubte, rund um die Uhr die Filme ihrer Wahl auszuleihen und abzugeben. Er war so stolz auf dies Wunderwerk seiner Selbstabschaffung, daß er sich am liebsten selbst durch den Schlitz geschoben hätte. Oder es rührte da in seiner Puppenstubentasse der Friseur, dem die Frauen fremd waren und der doch das weibliche Haar verstand wie nur Mutters Liebster. Zu seinen Gaben gehörte es, daß er jeden Song, den das Radio spielte, augenblicks erkannte und zum Staunen seiner dicklichen Friseurmitarbeiterinnen als Musikologe auseinandernahm. Unvergessen die Begeisterung, mit der er unserer jüngsten Tochter im Handumdrehen einen Sommerhaarschnitt verpaßte, den ersten in ihrem neunzehnmonatigen Leben, und vom Lohn anschließend nichts wissen wollte. Es gab den Besitzer des Kopierladens, einen gepflegten Glatzkopf mit den Wimpern einer Giraffe, den Steuerbeamten im nachtblauen Maßanzug, der immer die Sportzeitung las, die Dame mit dem Bologneser, der zwischen den scharrenden Füßen Krümel aufleckte und ohne Gewinsel die Tritte hinnahm. Das ganze Viertel steckte voller solcher alten Leute mit den erbärmlichsten Schoßhündchen, die an durchgewetzte Bettvorleger erinnerten; man hätte sie am liebsten mit Schaumreiniger eingesprüht und zum Trocknen über die Leine gehängt.

Hatte man das morgendliche Kaffeeritual vollbracht, wurden die umliegenden Klein- und Kleinstgeschäfte abgeschritten, diesmal in umgekehrter Reihenfolge. Eine Weinhandlung, ein Blumenstand, mehrere Parfümerien, der Zeitungskiosk, dessen Betreiber immer schon wußte, zu welchem der beiden Tageblätter man heute aufgelegt war, dem naserümpfenden *Corriere* oder der hemdsärmeligen *Repubblica*. Dann wurden rasch noch in einem der *Alimentari* die elementaren Produkte für den Speisetisch eingekauft, wahrhaft Grundnahrungsmittel wie die weiße Pizza, ein flaches, ölgetränktes Weißbrot, Bällchen von Büffelkäse, die mit löchriger Kelle aus einem Holztrog geschöpft und in der eigenen milchigen Lake transportiert wurden. Oder hauchdünne Streifen vom rohen Schinken, die man als Süßigkeit – *dolce* – bestellte, dazu ein weiteres Hundertgramm vom kreisrunden Laib der Mortadellawurst, Schafskäse, grüne und schwarze Oliven, Nudeln in den mehreren Nudelformaten, Thunfisch in Dosen.

Ein Sprung über die Straße, und abermals kam man am Postamt vorbei, wo einen der warme Wind der Untergrundbahn durch ein Gitter im Trottoir anwehte. Für gewöhnlich ging es dann weiter zu einer der Markthallen, ohne die keines der Stadtviertel Roms auskam. Und hier nun betrat man die Heiligtümer Pomonas. Über den Auslagen der tannengrünen Holzbuden galt es, sich in die Lektüre aller dreißig Bücher vom Obstanbau in Latium zu vertiefen. Gab es nicht die typisch römischen Gemüsesorten seit zweitausend Jahren in ewiger Frische? Eine gewisse Artischockenart war da, die aussah wie die Miniatur einer Palme, aus dem Wüstensand ragend. Oder die schwarze, keulenförmige Eierfrucht, an ein chinesisches Tuschekästchen erinnernd mit ihrer polierten Außenhaut. Wie erst das Bewässern der antiken Mosaike die Farben zur Geltung brachte, die in den Museen der Welt traurig verdämmerten, so gaben schon wenige Wassertropfen der Tomate, dem Apfel, den Weintrauben eine fast kultische Würde.

Mochte sie auch erst spät herübergewandert sein, längst war die Tomate eine seßhafte Italienerin und Italien ein einziges Tomatenimperium mit seiner bäuerlich-großstädtischen Küche. Eine bestimmte Art aber sah man nur hier in Rom: sie war rund und fett gepolstert und ringsum eingeschnürt und ließ einen von roten, türkischen Sitzkissen träumen. Dann waren da grün schillernde Peperoni, wie spitze Lackpantöffelchen, ziselierte Krummdolche. Oder die kräftigen, weinfarbenen Küchenzwiebeln, an deren krausen Ziegenbartwürzelchen man sah, welchen Ruck es brauchte, sie von der Erde loszureißen. Unter den Zitrusfrüchten stachen gewisse Limonen hervor, hühnereigroß, und die knolligen Zitronen mit ihrer tränentreibenden Säure, dem durchdringenden Gelb. Es war schwer, sich loszureißen von diesen Werken eines naturgegebenen Fauvismus, die da in täglichen Retrospektiven, ganz ohne Eintrittsgeld, dem Betrachter dargeboten wurden. Und hatte man der einen Ausstellungshalle den Rükken gekehrt, gab es einige Straßenzüge weiter schon die nächste. Auch wiederholte sich die Abfolge, nach der hier die Caffetterias, Bäckereien und Marktstände angeordnet waren, von Bezirk zu Bezirk in konzentrischen Mustern.

Die Grenze zur heimischen *rione*, vom sechsspurig dahindonnernden Verkehr scharf markiert, war die stadtauswärts nach Norden führende Via Nomentana. Jenseits ihrer begann Trieste, ein Quartier mit Apartmenthäusern und den Wohnfestungen aus umbertinischer Zeit, in denen sich Anfang des letzten Jahrhunderts der neue faschistische Beamtenstand eingenistet hatte. Reste des alten Interieurs, Paradestücke kleinbürgerlicher Häuslichkeit, fanden sich auf die umliegenden Antiquitätengeschäfte verteilt. Der ganze verschmockte Krempel jener Ära, die schmalzigen Kunstdrucke, martialischen Schreibtischlampen, wuchtigen Schlafzimmermöbel, Kommoden, bestückt mit den Bronzerepliken der römischen Wölfin, den kleinen und größeren Duce-Büsten, lockte nun aus den Tiefen dieser Läden, die sich wie Agenturen der Vergangenheit dort zwischen den Boutiquen, Reisebüros und Geschäften für Mobilfunktechnik behaupteten. Hier fing sich wie in einem Flusensieb, was Zeit im Gefolge von Krankheit, Alter, Familienauflösung aus den Gehäusen der schwarzen Notare, Ministerialbeamten und Direktoren hinausgespült hatte. An der Piazza

Istria, wo mehrere Hauptstraßen sich wie die Achsenmächte verbrüderten, lag einer dieser Trödelläden, die von den Renaissancen des faschistischen Geschmacks profitierten. Er war dort mehrfach vorbeigeradelt, ohne daß ihn etwas angezogen hätte, einmal aber stieg er doch ab und lehnte das Rad an die Hauswand.

Im Schaufenster stand ein Ölgemälde, eine Ansicht der Stadt Venedig, in dem verzehrenden Mischungsverhältnis aus achtzig Prozent Himmel, zwanzig Prozent Lagune, mit jener tief gelagerten Horizontlinie, unterbrochen von Kirchenkuppeln, die einen so leicht ins Träumen bringt – aber das war es nicht, was ihn diesmal fesselte. Durch die Glastür hatte er, über das rote *Aperto*-Schild hinweg, ein weiteres Bild erspäht, das dort auf einem geschnitzten Notenständer aufgestellt war. Der Laden schien unbewacht. Im Moment des Eintretens aber bauschte sich der Vorhang zum Hinterzimmer, und der Antiquitätenhändler trat ihm, die rechte Hand hinterm Rücken verborgen, entgegen, mißtrauisch wie ein Igel, der in die Luft schnuppert. Kunden, die nur zum Gaffen kamen, gab es mehr als genug. Mit demselben Geschäftsinstinkt bemerkte er aber auch rasch, daß es diesem hier ernst war. »Roman school«, sagte er daher und nochmals, wie zur Verstärkung: »Scuola romana«. Und dann standen sie lange schweigend vor dem Stilleben im altmodischen Goldrahmen.

In ihm fand sich so gut wie alles wieder, was Roms Gemüsemärkte zu bieten hatten, in einer konzentrierten, auf wenige Prachtexemplare beschränkten Form. Es war das Werk eines heraldischen Realisten aus den dreißiger Jahren, ein stiller Akt des Widerstands gegen den großmäuligen Futurismus, der damals dem Regime diente. Es war eine Wohltat, dies Bild zu betrachten, das sich wie auf dem Grund des imperialen Schunds erhalten hatte: ein Altar des Alltäglichen in einer katastrophenseligen Welt. Der Künstler hatte seinen ganzen irdischen Katechismus auf einen Küchentisch gegründet. Auf diesem standen nun ein brauner Tonkrug, eine Kaffeemühle, eine weiße Tasse aus billigem Porzellan, ein Glas mit eingelegten Peperoni. Für die nötige Lebendigkeit, die sich erst mit der Präsenz verderblicher Güter einstellt, sorgten Zwiebel, Tomate, Aubergine und Kartoffel, allesamt Marke Roma. Über dem Ganzen lag schon ein Hauch von *Pittura metafisica*, ein schwacher Rauhreif, gerade genug, um jedes der Objekte ein wenig von den anderen zu isolieren, es einzuschließen in seine rustikale Einsamkeit. In die Horizontale gedreht, hätte das kleine Tafelbild bequem auch als Frühstückstablett herhalten können.

Es dauerte seine Zeit, bis man sich über den Preis einig war. Er hätte sich, zum Feilschen zu faul oder unbegabt, wie gewöhnlich übers Ohr hauen lassen, wäre nicht sie ihm zu Hilfe gekommen: seine Frau, die Geschäftsfrau. Sie hatte ihn, als er in der Enge des Ladens zwischen den angehäuften Antiquitäten unschlüssig herumstand und zu schwitzen begann, beiseite gezogen und vor die Tür gebeten. Daraufhin war sie allein hineinspaziert, und er konnte durchs Schaufenster sehen, wie sie zwischen den Porzellanvasen und Mahagonischränkchen gute Figur machte, indem sie den Gestikulationen und Beteuerungen des Ladenbesitzers ungerührt standhielt. Der Händler mußte erst die Geschichte von der Witwe des Vorbesitzers loswerden, eines ehemaligen Staatsbeamten der Mussolini-Zeit, und daß beide kinderlos geblieben waren und immer in derselben Wohnung gelebt hatten, aus der auch das wertvolle Gemälde stammte. Das doch insofern, wie man sagen konnte, im doppelten Sinne ein Original war. Sogar der Name des Malers ließ sich nachweisen, anhand der Signatur, und schnell war ein Lexikonartikel parat, der in Kopie dargereicht wurde. Doch es half nichts, am gespielten Desinteresse der ausgefuchsten Frau mit dem roten Haar wurden alle Provenienzlegenden zuschanden. Das Bild wurde gnadenlos heruntergehandelt. Der gute Mann war in einer gerade für den Italiener schwierigen Position, hin- und hergerissen zwischen Galanterie und Händlerehre. Endlich tat ein Nicken dem Beobachter draußen kund, daß man übereingekommen war, und er wurde hereingerufen wie zur Bescherung. Der Antiquitätenhändler schien nun tatsächlich um einige Zentimeter geschrumpft, erst jetzt sah man die hohen Absätze, auf denen das dunkelhaarige Kerlchen einherschritt. Und so erleichtert war er, daß er ihnen zum Abschied ruckartig die Hand entgegenstreckte – eine steife, lederüberzogene Rechte, kürzer als seine linke, normale Menschenhand.

VILLA MASSIMO: DER ZEITREISENDE VARUS

Vor einiger Zeit sah man im British Museum in London eine Ausstellung über Kaiser Hadrian und das Römische Reich während seiner Regierungszeit. Die bezwingende Schau, die auch beim Publikum ein Erfolg war, erinnerte an die militärischen Kampagnen des Herrschers zur Sicherung der britischen Inseln, an sein Projekt des Hadrianswalls, der das Land zwischen Kirkbride im Westen und Wallsend im Osten abschnürte und in Resten dort noch immer erhalten ist. Man gewann den Eindruck, das heutige England feiere, durchaus mit einem gewissen Stolz, seinen Eintritt in die Weltgeschichte. Erinnert wurde bei der Gelegenheit auch an das große Romanwerk der französischen Schriftstellerin Marguerite Yourcenar, die »Mémoires d'Hadrian« (deutsch: »Ich zähmte die Wölfin«), das in seiner aneignenden Weise beispielhaft ist für den Umgang der romanischen Kulturen mit ihrer römischen Vorgeschichte. Die Völker Westeuropas haben ihren Frieden gemacht mit einer Überlieferung, die sie in der unendlichen Globalisierungssaga Roms als Episode verbucht.

Eine solche Souveränität im Umgang mit seiner antiken Vorgeschichte scheint in Deutschland noch immer schwer denkbar. Zweitausend Jahre währt er nun schon, der germanische Stolz, dem Vormarsch der Zivilisation getrotzt zu haben. Noch immer ist das Verhältnis zu gewissen Ereignissen der Frühgeschichte auf deutschem Boden nicht frei von kollektiven Neurosen. Das Ringen um den richtigen Namen bezeugt es: sie bleiben, auch jenseits der Stammbaumfragen, Politikum. Sprach man jahrhundertelang von der *Hermannsschlacht*, in patriotischem Selbstbewußtsein, das vom preußischen Barden Heinrich von Kleist bis zum Neugermanentum der Nationalsozialisten reichte, so war dem Bürgertum die neutrale Formel von der *Schlacht im Teutoburger Wald* lieb geworden, die auch er als Schulkind noch in sein Heft eintrug.

Heute nun, pünktlich zur Zweitausendjahrfeier, ist nur mehr von der *Varus-Schlacht* die Rede. Der unterlegene Feldherr, der in einem Hinterhalt drei Legionen des Augustus verlor, dem als Statthalter in

Germanien schweres politisches Versagen bescheinigt wird (von dem Geschichtsschreiber Cassius Dio etwa), ist nun selbst zum letzten Stichwortgeber geworden. Das Geschehen aber bleibt dahinter noch immer im trüben. Die Archäologen haben den Schauplatz in Frage gestellt, die Historiker eine neue Chiffre gefunden. Nichts aber sagt sie darüber aus, daß es ein Bruderkrieg war, der die germanischen Stämme und Familien spaltete. Nichts über Arminius, den Verbündeten Roms und lateinisch gebildeten Militär, der sich ohne Not, aus reinem Stolz und Eigendünkel, in das Abenteuer des Verrats stürzte und so den Entwicklungsstillstand in dieser Weltgegend, Armut und Hungerkatastrophen unter den Seinen in Kauf nahm. Nichts also sagt sie über die verwickelte Interessenlage aller Beteiligten. Immer noch hat das Wort *Vasall* einen anrüchigen Beiklang im Deutschen. Immer noch steht die Diplomatie der seßhaft werdenden, handeltreibenden Germanenstämme in manchem Verruf, werden Siedlungspolitik und Organisationsleistung des Imperium Romanum kolonialismuskritisch verkleinert.

Wir müssen nicht weiterspekulieren. Aber auch Hunderte Publikationen zum Thema später deutet vieles darauf hin, daß schon hier jener deutsche Sonderweg in die Geschichte Europas begann. Daß in den dichten nordischen Wäldern damals etwas Verhängnisvolles seinen Anfang nahm. War dies das erste Kapitel der Selbstausstoßung, die uns so lange zu schaffen machte?

Im Park der Künstlerresidenz, die er seit einem halben Jahr bewohnte, unweit der überdachten Abstellplätze für die Fahrzeuge, gab es ein steinernes Podest, das vom ersten Tage an leer stand. Man hätte den grauen Betonkubus für ein weiteres Kunstwerk halten können, das einzige abstrakt-moderne unter all den Säulenresten, Sarkophagen und Grabreliefs aus antiker Zeit, die im Park der Villa verteilt waren. Es war aber ein Sockel, und auf ihn gehörte die Marmorstatue eines römischen Mannes in der Toga, den die Leute vom Haus immer nur den *togatus* nannten. Welche Bewandtnis es mit ihm hatte, bekam er einmal vom Direktor des Hauses zu hören. Der teilte ihm seine Überzeugung mit, die Skulptur, übrigens im Besitz des deutschen Staates, der sie mit dem Anwesen geerbt habe, sei eine der seltenen Darstel lungen des unglückseligen Varus, hier im Amt des Konsuls. Mehrere archäologische Gutachter hätten die Identität bestätigt, andere, wie in solchen Fällen üblich, bezweifelt. Als der berühmte Feldherr jedoch sei er nun schon seit längerem in Deutschland unterwegs, auf Dienstreise durch das Land seiner Niederlage gewissermaßen, verschiedene Ausstellungen mit seiner Gegenwart adelnd. Eine kuriose Geschichte habe sich dabei zugetragen: die Querele mit den italienischen Behörden über seine Aufenthaltsdauer im Ausland. So wertvolle Kunstgüter dürften per Gesetz nie länger als ein halbes Jahr außer Landes verbleiben, unerachtet der Besitzverhältnisse. Doch Italiener seien geschmeidige Verhandlungspartner, die Bürokratie hierzulande so undurchdringlich wie kreativ. Die Lösung sei gewesen, das gute Stück einfach für mehrere Wochen in die italienische Botschaft in Berlin umzuquartieren. Man habe ihn sozusagen in Quarantäne gesteckt, und nun sei er für den Rest der Zweitausendjahr-Feierlichkeiten wieder voll einsatzbereit. Wie gern hätte er die Figur, nachdem er über sie so viel gehört hatte, einmal im Original betrachtet.

So nahm er es als ein kleines Wunder hin, als der Weitgereiste noch vor Jahresende in der Villa zurückgemeldet wurde. Man hatte ihn, ohne größeres Zeremoniell, einfach abgestellt, näher am Haupthaus diesmal, unter den Arkaden des östlichen Terrassenanbaus, in enger Nachbarschaft zu einer römischen Grabstatue vom Typus der Keuschen, Schamhaften, für die sich kaum einer interessierte in ihrer Schattenecke. Da thronte er nun auf einer Holzpalette, wie man sie zum Transport von Industriemaschinen verwendet, und war nichts als ein Haufen marmorner Falten auf einem Amtssessel, der *sella curulis*. Nur das Paar Füße in eleganten Riemensandalen deutete auf ein menschliches Wesen, die Arme fehlten. Zwischen den Schultern zeigte ein breites Bohrloch die Stelle, in der die Büste samt Kopf einmal verankert war. Hier half auch kein Steckbrief weiter, kein Münzprofil und kein Hinweis bei Tacitus. Ausgeschlossen, die Person zu identifizieren, diesen in die Toga wie in ein tiefes Schweigen sich hüllenden Torso, den Grabräuber, römischer Gedächtnisbann oder ganz allgemein die Zeit enthauptet hatten. Es hätte sich ebensogut um den späteren Kaiser Tiberius handeln können, von dem er einmal gelesen hatte, er habe beim Triumphzug nach der siegreichen Unterwerfung

Pannoniens nicht den Panzer des Triumphators getragen, der ihm in diesem Moment zustand, sondern die zivile Amtstracht. Grund für die Zurückhaltung war die Staatstrauer, die nach dem Debakel des Varus in Germanien von der Bürgerschaft angeordnet war. Und von Trauer und tiefer historischer Schwermut vollgesogen schien ihm nun auch der Unbekannte in der Toga, die vermutlich einmal purpurverbrämt war, unser kopfloser Konsul. Als bloßes Dekorum einer Künstlervilla war er ein paar Nummern zu groß. Sein idealer Platz wäre der Eingang zum Capitol in Washington gewesen, die Lobby des Pentagon oder die jedes anderen Verteidigungsministeriums der westlichen Welt.

TÄNZERIN IN TIVOLI

HINTER DEN MÄRKTEN DES TRAJAN

Es war der Lärm, der biß, das Sonnenlicht, das schmerzte
Dort bei der Trajanssäule. Ihre Zeit war abgelaufen,
Wie das Relief darauf, ein Kultfilm aus den Dakerkriegen.
Der Marmor stöhnte, von der Brandung aufgerauht, verletzt
Von Schwefeldämpfen, reduziert zu Gips. Da waren Haufen
Bleich abgebeinter Pferde, Köpfe, durch den Rost gefallen,
Das ganze Schlachten: nun ein Blätterteig, zerlaufnes Speiseeis.
Und auf der Zunge lag die Phrase vom *Verschleiß*.
Verschleiß,
Das war das Krasseste, ein Massenwort, das alles faßte –
Schlag in die Magengrube, Offenbarung Roms und Logik,
Die über Rom hinauswies bis zu uns, und über uns hinweg.
Es war dies Beben in der Luft, Millionen Christen schüttelnd
In ihren Bussen, dem auch Petrus ausgesetzt war auf der Spitze,
Die Schlüssel schwenkend. Denn die Steine waren krank.

TORSO DES POLYPHEM

Für Bernard Andreae

Das Büschel Brusthaar war den Gräbern der Beweis.
Das Trumm aus Marmor, das die Erde freigab, konnte,
So riesig, animalisch-trauervoll, als grober Muskelmann,
Nur einer sein: der Wilde aus dem pikaresken Mythenkreis
Um diesen Seewolf, den Poseidon lange nicht verschonte.
Roh wie ein Baumstumpf, kam er im Museum an,
Wie von der Axt entstellt.
                                        Was hatten sie ihr angetan,
Der Mißgeburt, die *in natura* und als Säugling, präpariert,
Zum Schaustück wurde in den Raritätenkabinetten dann?
Die Stirn zertrümmert, wo das große Mittelauge stierte?
Zum zweiten Mal sich an dem Griechen-Golem ausgetobt,
Wie schon der Stoßtrupp des Odysseus? – Das Zerstücken
Von Teufelswerk war gute Christentat. Und der Zyklop
Blieb nur als Rumpf zurück aus Angst vorm bösen Blick.

GEOLOGIE PLUS ANATOMIE

Was war es, das noch Winckelmann *die Schönheit* nannte,
In seiner Art, die nicht zwei Worte nahm, wo eines reichte?
So lange trugen sie, die Adlerschwingen, lässig ausgebreitet ...
Riesige Krustentiere starben in den Meeren. Kaum verlandet,
Erstarrte dieser Bio-Schrott zu Muschelkalk in Kreidezeiten
Und wurde Marmor, in den eingezeichnet alles Körperweiche
Kontur gewann und seine Anmut, seinen Schwung behielt.
In diesem einen Material, so scheint es, lag die Gleichung,
Wie von Natur her angelegt, verborgen, für den Stil der Stile.
In vielen Tönungen war es zu haben. Von der Knochenbleiche
Zum weißen Gletscherbruch Carraras, pfauenblau durchsetzt,
Auch rot wie von geplatzten Blutgefäßen, zwiebelschalig grau,
Hautfarben gelblich, wie der Stein, den die Cäsaren schätzten.
So lange trugen sie. Nun hat der Wind des Neuen sie zerzaust.

TÄNZERIN IN TIVOLI

Schweigend hatten die beiden den Venus-Tempel passiert,
Das Griechische Theater links liegengelassen, nun trat
Das Paar durch die Mauer der Stoa, die so abgeschürft, staubig,
Dem Wall eines Wüstenforts glich. »Die Tataren kommen«,
Scherzte er. »Die Tataren waren schon da«, sagte sie trocken.
Und gemeint war die Leere, ein tyrannisches *Open Air*,
Wo nackte Athleten sonst knieten, Antinoos Trübsal blies.
Dann gingen sie weiter, vorbei an Nymphaeum und Fischteich,
An den Kasernen der Wachmannschaften bis hinunter ins Tal.
Dort tat ein kleines Ägypten sich auf um ein Wasserbecken,
In dem Eichen sich spiegelten, riesige, breit ausladende Pinien –
Imitation jener Anderswelt zwischen Memphis und Elephantine:
Ein absurdes Ägypten, das mit Silenen protzte und Amazonen,
Sein letztes Belegstück ein zerbröckelndes Krokodil aus Beton.
Da fing es zu nieseln an, und sie setzte sich unter den Schirm
Einer großen Olive, schlang den Schal um den Kopf und las.

Er aber fing zu streunen an, trieb sich bei den Latrinen herum,
Kratzte an Säulenschäften, spuckte vor seinem Schatten aus.
Unterm Schritt knirschten die römischen Mosaike, brachen
Vom Rand her als marmorne Zähnchen aus, achtlos verstreut.
Lange stand er im Dunkel eines Riesenraumes, von dem man
Nicht wußte: ein Speicher? Turnsaal der Prätorianer? Horchte
Auf sein Herzklopfen, die Stille verlassener Zeiten, den *Äon* –
Ein Wort, außer Gebrauch, das ihm von Zeit zu Zeit imponierte.
Geplündert die Erde hier, aufgehackt, durch und durch gesiebt
Von Grabräubern, Kunstjägern, Archäologen und Architekten:
Sie erinnerte ihn an die Nase des Erstbesitzers der Mustervilla,
Ein Stück Marmor, weggefressen von den Zähnchen der Zeit.
Als wären Piranhas am Werk gewesen, exotische Saxiphagen,
Wesen, die hier herumspukten, niemals auf frischer Tat ertappt.

Und weiter ging er, vorbei an den kleinen, den großen Thermen,
Wo er ein Plätschern hörte, einen letzten fallenden Tropfen
Hoch aus dem Gegenwartshimmel über den morschen Kuppeln.
Hier holte ihn das Persönliche ein, das Relative, Intime –
Lauter Schlüpfrigkeiten, Trostspender seit zweitausend Jahren.
Zwischen den Ruinen, die ihn kaltließen, tanzten noch immer,
Unbekümmert wie Mücken im Sommer, obszöne Sprüchlein.
In der Luft lagen billige Verse, Priapea, vulgäres Latein –
Über den unkrautgesäumten, grasüberwucherten Grundrissen
Für noch jede Architektur, die ihm bis hierher begegnet war
In Europas gealterten Metropolen, den Kapitalen Amerikas.
Er ließ die Rotunde beiseite: kein Blick für das Glanzstück
In diesem Palast der Paläste, folgte statt dessen dem Pfad
Hinüber zur Akademie und hielt Ausschau nach etwas,
Das er die ganze Zeit schon vermißte. So kam er im Bogen
Zurück zu ihr, die sich eben erhob, in einer halben Drehung
Der Hüften verharrte, ihn ansah wie nach langer Entwöhnung:
Sie, die wenig mehr auf der Haut trug als dieses rote Kleid.
Es wurde ihr kühl.
                              Weshalb sie es plötzlich eilig hatten,
Den Ort zu verlassen, die Toteninsel vor Tivolis blauen Bergen.
Sie verflochten die Hände, im Rücken die Allee der Zypressen,
Und gingen Seite an Seite die unterirdischen Wege zurück.

MAUSOLEUM DER CONSTANTINA

Dies sind die Gaben aus dem Garten der Natur,
Wie er sich darbot damals außerhalb der Mauern,
Wo Rom verstummte und in Landschaft sich verlor.
Sie stehen hier als Sternbild am Gewölbehimmel, Mosaik
Aus abertausend Steinchen, Plattgoldwürfelchen
Im Dämmerlicht des Umgangs der Rotunda,
Insignien der Bukolik einer Zeitenwende.

Es sind dieselben Dinge, die dir auf dem Markt
Begegnen in den Kisten, Körben – zeitlos frisch
Herausgeputzt wie die Exempel in der Kinderfibel.
Kein Tag verging für diese Früchte der Region, die sich
Da oben um sich selber drehten: Feigen, Pfirsiche,
Weintrauben, Artischocken, Nüsse und Limonen,
Am Ast die Pinienzapfen und die kleinen Birnen.

Fehlt nur die Kirsche, die Lukullus, wie man sagt,
Vom Schwarzen Meer mitbrachte aus dem Feldzug.
Doch sind da, neben Wachtel, Rebhuhn auch Exoten,
Die an den roten Beeren picken wie der Pfau aus Persien,
Der Papagei, das Purpurhuhn, der Alexandersittich,
Benannt nach einem, dessen Radius weiter reichte,
Als auf dem Landsitz der Poet sich träumen ließ.

Darunter schlief einst sie – im Porphyrsarkophag,
Schlief als die Kaisertochter den gestillten Schlaf
Der frühen Christen, der Märtyrerin des Herzens nah –
Sie, die als Witwe noch den Traum der Jungfrau träumte.
So intensiv war der, daß er die Katakombennacht
Durchdrang und aus dem Tuffsteinhöhlendunkel
Ans Licht die Goldorangen rief, den Goldfasan.

Man hört es noch, so statisch sie da oben kreisen,
Das scheppernde Latein der Krüge, Kannen, Becher,
Den Krach der Schüsseln beim Verhallen der Satiren.
Füllhörner führen solchen fernen Klang mit sich, in dem
Die Mythe wiederkehrt vom Sohn der Ziegennymphe,
Vom Flötenspieler, der den eignen Tod verschlief,
Pan, der die Herrlichkeiten weitergab – und ging.

UNTERM TITUSBOGEN

Hast du den Adler gesehen im Innern
Des wuchtigen Titusbogens hoch oben?
Die Flügel schlägt er wie einen Mantel
Um den Toten und rauscht mit ihm ab.

Pechvogel Titus, der junge Gebieter
Mit dem Spitzbauch, dem Doppelkinn:
Er wollte nicht sterben, er war doch
Vor drei Jahren erst Kaiser geworden.

Und was für Jahre: Zeiten des Unglücks.
Pompeji verschüttet, Großbrand in Rom
Und die Pest im Lande – für jeden
Herrscher ein Alptraum seit Oedipus.

Pechvogel Titus, so beleibt wie beliebt:
Er wollte nicht sterben. Doch es riß ihn
Ein Fieber hinweg. Sein Tod, allzu früh,
Kam dem Bruder zugute, dem Schurken.

Hoch fliegt der Adler, ein häßliches Tier,
Trägt ihn fort, Divus Titus, den Armen,
Der so gern beköstigt wurde, gestreichelt.
Was nützt es ihm nun, vergöttlicht zu sein?

Doch nicht jeder hat einen solchen Bogen
In so günstiger Lage, auf hohem Plateau.
Vor dem Vogel als Startbahn ausgebreitet
Liegt im Talgrund das Forum Romanum.

Magst ruhig sein, Bruder. Es ist geschafft.
Jerusalem fiel, und in Rom wird gebaut.
Hast sie bekommen – deine Apotheose,
Schwebst nun auf Adlerschwingen dahin.

EIN YACHTBESITZER SPRICHT

Die leichte Yacht, die ihr vor euch seht, Freunde,
Kann von sich sagen: Ein Flitzer bin ich, kein
Schwimmender Balken hat je im Vorwärtsdrang
Mir den Rang abgelaufen – ob nun die Ruder,
Ob volles Segelwerk ihm zum Flug verhalfen.
Und sie bestreiten, daß die Küsten der Adria
Dies bezweifeln würden oder gar die Kykladen
Oder Rhodos, das noble, das schaurige Thrakien
Mit der Propontis, und am Pontus die Bucht,
In der mein späteres Schiffchen heranwuchs
Als grüner Laubwald. Denn auf dem Cytorus
Hat sie im Raschelrausch oft ihr Haar aufgelöst.

Amastris Pontica, und du, Buchsbaum-Depot
Cytorus, wißt es und habt gleich die Yacht
In ihr erkannt. Von früh an sei sie, so sagt sie,
Am Gipfel des einen aufgeragt, habe die Wasser
Der anderen mit ihren Ruderblättern gestreift.
Und daß sie von da ihren Eigner durch manches
Schäumende Meer trug, ob von Luv oder Lee
Die Winde wehten oder Jupiter sich herabließ,
Beiderseits kräftig in die Segel zu pusten.
Nicht einmal um Weiterfahrt mußte
Sie betteln bei Ufergöttern auf ganzer Strecke
Vom entlegendsten Meer bis an den klaren See.

Doch das war gestern! Soll sie auf friedlicher
Reede nun altern. Euch sei sie dankbar geweiht:
Dir, Zwilling Castor, und Castors Zwilling, auch dir.

Nach Catull, No. 4

»GROTTE DES CATULL«

Salve, o venusta Sirmio ...
Catull, No. 31

Eine riesige römische Prachtvilla saß
Sirmiones Spitze wie eine Zahnkrone auf.
Gletscherweiß strahlte sie überm Gras
Auf der Plattform hinaus in den Gardasee,
Den die Römer *Benacus* nannten. Ein Meer,
Wenn ein Sturm seine Wellen zerrauft,
Wenn der Wind von den Alpen her fegt.

Dort ging ich in der Mittagshitze umher
Mit wenig Zeit bis zur nächsten Fähre.
Am Wegrand fand sich ein Dichterzitat –
Vom Olivenzweig und wie jedes Blatt
Vom Grün ins Silber spielte in dieser Luft.

Nur die Grotte war eine Mär, von weit her
Geholt zur Belebung des Fremdenverkehrs.
Eine Neureichenvilla, Wellness-Oase –
Im Schutt war ein älterer Bau versteckt,
Die bescheidene Datscha des Dichterpapas.

Dort hat er sein Schiffchen zur Ruhe gelegt.

Aus Kleinasien war er, Wind in den Segeln,
Heimgekehrt mit der schnittigen Yacht.
Kennt ihr ihn, diesen jungen Catull?
In aller Munde war er, und das über Nacht.

Einer der Frühmodernen, der Ewigfrischen,
Der erste, der zu sich selbst offen sprach.
Armer Catull, hör auf, Unsinn zu quatschen.

An diesen dachte ich, damals am Gardasee.
Wie er dort umging, die Musen duzend,
Und trug in der *capsula* seine Lieblingsbücher.
Wie er sein Segel setzte in felsiger Bucht,
Wie er von hier aus die Venushügel bestieg.

CORSO TRIESTE

Für Maria Gazzetti.

In Florenz dunkelt die Via Roma.
In Rom erwacht Piazza Venetia zum Leben.
In Venedig kriechen Nebel durch die Viale Trieste.

Die Städte träumen alle voneinander.
Sie rufen sich beim Markennamen, und das Echo
Hallt durch die engen Korridore der Straßen.

Via Roma gehört zu den finsteren Straßen
Des an schwarzen Geschichten reichen Florenz.
Auch im Sommer stocken die Schatten dort, brüten
Die Stadtpaläste über alten Familienintrigen.
Rom aber schämt sich nicht. An der Piazza Venetia
Hängt schlaff die Landesfahne herab vom Balkon.
Über der Adria hat, von Triest herüber,
Der Himmel aufgeklart. In Venedig entströmen
Am Piazzale Roma die Pendler den Morgenzügen.

Die Städte wenden sich ihren Geschäften zu.
Jetzt gibt es nur sie. Keine mischt sich mehr ein
In die inneren Angelegenheiten der andern.
In Rom quietschen Bremsen am Corso Trieste.

RÖMISCHE HÄUSER

Fassaden gibt es da, brutal wie Kriegerfressen,
Von Abessinien träumen sie für alle Zeiten.
Und andere, mit kantig vorgebauten Erkern,
Erinnern an das stumpfe Kinn des Imperators.
Stirnfalten unterm Stahlhelm sind am Giebel
Im Sonnenlicht die bronzenen Liktorenbündel.

Dann gibt es welche aus poliertem Travertin,
Wie zarte Rindfleischscheiben elegant gemasert.
Das sind die Bankfilialen, Assicurazioni: Bauten,
Die aus den dunklen Zeiten hell herüberstrahlen,
Die Fenster eingefaßt, die hohen Eingangspforten.
Hochstapler sind es mit dem Ruf solider Perfidie.

Mir aber sind die Mietshauskästen lieb, in Ocker
Und Terrakottatönen mit den grünen Dachterrassen.
Sie singen von den Tagen trübsinniger Notare,
Den Zorn der Übermütter in den Einbauküchen.
Der Traum des biederen Faschisten waren sie,
Sowjetische Chimären eines Capri-Sommers.

So kurvenreich sind viele Straßen, und so gern
Gibt manche hier die Serpentine, die Hyperbel,
Daß sie die Häuser von den Hügeln mit sich reißen.
Etwa die Futuristen-Yacht und den Palazzo-Bunker,
Granitgrau die Kommode mit dem Wellenschliff,
Davor, ein erster Tropengruß, die Fächerpalme.

DENKMAL DES AERONAUTEN

Carlo Emilio Gadda
in Memoriam

Am Scamorza-Platz unter den Mozzarella-Arkaden
Zerläuft in der Sonne das Forum des kleinen Benito.
Fort ist der Mann mit dem Nußknackerkinn, geblieben
Sind aus Beton die verschwiegenen Rutenbündel,
Ist die Fasces-, die Facies-Lähmung mancher Fassade.

Aus den Rabatten davor ragen Stinkmorcheln auf,
Als Tulpen getarnt, zur Vemeidung öffentlicher Skandale.
Ein martialisches Weißgrau, ein schmieriger Ockerton
Sorgen für Stimmung bei den Fans des fatalen Futur.

Bronzelettern mahnten zur Sauberkeit auf den Latrinen,
Das Muster aus Panzerketten ersetzte Mäanderbänder.
An gewienerte Stiefel, blitzblanke Grammophonplatten
Erinnern die römischen Jahreszahlen der neuen Ära,
In Stein gehämmert, die Milchmädchenrechnungen,
Der ganze grimmige Pannacotta, den keiner mehr ißt.

Nur den Hunden ist es, wie immer, einerlei wo ...
Sie nehmen das Rondell um die Siegessäule so gern
Wie das Denkmal des Aeronauten, mag auch
Der Propeller noch so hoch hängen. Kein Parteipalast,
Keiner der Marmorroboter ist ihnen zu vornehm –
Dem Bologneser nicht, dem edlen Mastino sowieso.

KONSERVATORIUM
ZUR HEILIGEN EUPHEMIA

Hört die gepeinigte Violine, ihr zartes
Aufatmen hinter den Rolläden der Villa.
Eine steife Elevin steigt die Treppe herab
Und stützt sich dabei auf die Notenleiter.

Im Garten tuscheln die Rhododendren,
Und die Orangen schwitzen Bitterkeit aus.
Beleidigt schweigen die zierlichen Zäune.

Die stille Via, in gespannter Erwartung,
Was der noch viel stillere Largo ihr bringt,
Spioniert dem römischen Vormittag nach.

Die Damen vom Kosmetiksalon vis-à-vis
Wissen es längst. Auch die blitzgescheiten
Rasensprenger hinter dem Konservatorium,
Der grüne Lieferwagen der Wäscherei.

Eine kleine, geigenklangfeine
Scheinschwangerschaft steht da ins Haus.

PEGASUS IN ITALIEN

Ein grünes Pony, mit Helium gefüllt,
Trabt stolz auf der Piazza, hoch über den Köpfen.
Es wiegt leicht, es ist grün, es gehört einem Kind.
Erstaunlich: sein dummer Gesichtsausdruck.

Ein Wind kommt auf, ein Taubenschwarm landet.
Da reißt es sich los von der Kinderhand,
Steigt auf in den Himmel, dreht seine Runden,
Und jemand da unten ruft »Ciao! Ciao! Ciao!«

Es ist der Vater, der heimlich in Tränen zerfließt.
Die Mutter verspricht: Kind, was immer du willst.
Ein Kilo Zuckerwatte? Eiscreme? Pistazien?
Einen gelben Kanarienvogel bitte, mit Käfig.

Das Pony derweil kreist um die Spitze des Doms.
Die Glocken läuten. Der Sommer verendet.
Es wird kleiner und kleiner, schon ist es *high*.
Niemand weiß, was aus fliegenden Ponys wird.

RÜSTIGE NONNE

Auf hohem Fahrrad braust sie durch die Altstadt Roms,
Vorbei an Lorbeerhecken, gelben Kirchenmauern.
Die Speichen glitzern in der Sonne, ihre Brillenbügel.

Vor großen Farbplakaten bremst sie manchmal scharf.
Sieht sie das Kolosseum, nachgestellt mit Flaschen,
In einer grünen Bierreklame, muß sie herzlich lachen.

Sie liebt das Praktische: bequemes, festes Schuhwerk,
Die neue Orgel, transportierbar wie ein Klappaltar,
Die SMS an alle Ordensschwestern vor der None.

Und das ist ihr Choral: das Rauschen des Verkehrs
In den Alleen um jedes enge Stadttor. Das Geplätscher
Auf der Piazza, das Getose des Vier-Ströme-Brunnens.

Hier steigt sie dann vom Rad, genießt das Honiglicht
Und steht am Gangesufer, lauscht dem Wasserfall.
Sie sieht den Nil, verschleiert, und die Donauschiffer.

Am liebsten ist der Mohr ihr mit den Judenlocken,
Der aufschaut himmelwärts zur kleinen Heiligen Agata.
Spätnachts tauft ihn, ein Missionar, der Mond.

FLAGELLATIONEN BEIM FLORALIENFEST

Dies aber war die große Regen-Estrade.
In den Mülltonnen hockten die Bongotrommler
Und erhöhten das Tempo, Dea Roma zu Ehren.
Es gab keinen Römischen Karneval mehr, keine
Maskeraden im Jahresturnus. Erloschen waren
Die wilden Feste für Priapus und Saturnus.

Die Straße war blank gescheuert, als hätten da
Tausende Putzfrauen auf ihren Knien geschuftet.
Die Cäsaren schwitzten, der Asphalt dampfte.
Miß Italia wurde, als Stadtgöttin eingekleidet,
Von Sklaven vorangetragen auf goldenem Thron.

Dem folgten Trachtengruppen aus allen Teilen
Des Landes, das einmal großes Imperium war.
Dieser scharfe Lederstiefel Europas, raunte wer.
Komm unter den Stiefel aus Schlangenleder ...
Und alle folgten ihr durch die frischen Pfützen:
Legionäre im Freizeitverein, bullige Gladiatoren,
Männer, die unter der Woche Elektriker waren,
Polizisten und Automechaniker und Friseure.

Am Circus Maximus waren sie aufgebrochen,
Doch der Zug geriet immer wieder ins Stocken,
Und der Regen schwang seine Nilpferdpeitsche.
Vorm Tempel Fortunas kam einer der Konsuln
Ins Stolpern in seiner Toga aus nassen Laken.
Ein paar Vestalinnen brausten auf Vespas vorbei.

Der Mund der Wahrheit stand staunend offen,
Bis jemand *Stupido* raunte und er sich schloß.

VENOGRAMM

Über den Wassern schwebt man ungestraft heran,
Empfangen wie noch jeder mit der Urgeduld
Der Schwangeren im letzten Monat, eingelullt
Vom Wellenschlag, der an die Fundamente rührt.
Die Trauergondeln spiegeln sich im trüben Grün.
Den Landesteg bewachen Möwen, groß wie Hühner.

An Land streift man als erstes Löwenpranken,
Von denen Wasser perlt. Das feuchte Marmorbuch,
Das der Apostel aufschlägt am Rialtobogen,
Liest sich in Spiegelschrift noch einmal anders,
Wenn Seetang immer wieder jeden Sinn verwirrt,
Und Furchen zieht, wer sich amphibisch fortbewegt.

Sie pflügen hier das Wasser. Noch im Schlaf
Wird man das Traktortuckern all der Fähren hören,
Das aus den engen Gassen von Palästen widerhallt,
Ein unterweltliches Rumoren. Nur das Freskenlicht,
Venedigs strahlend heller Himmel in Marineblau,
Stört die Orchesterprobe für das große Requiem.

Wer spielt nicht mit hier? Alle spielen ihren Part
Mit der Bravour von Buffos, die sich Urlaub nehmen
Für ihre Posen, ihre Saltos unter gotischen Balkons.
Die späten Paare schwimmen im Besucherstrom,
Die Männer hängen an den Zitzen kleiner Bars.
Den größten Adriafisch verspeist der Greis allein.

Was ist es, daß man immer wieder hier an Schläfen
Mit blauen Venen denken muß, verwelkte Hände?
Gewisse Marmorsorten zeigen wie das Röntgenbild
Geschwollene Gefäße, Blutergüsse am Gelenk.

Gern lehnt sich mancher übern Rand der Gondel,
Verschafft den Fingern Kühlung unterm Wasserstrahl.

Kaum von der Stelle kommt sie hier, die Zeit –
Gefangen wie ein weit verirrter Wal in der Lagune.
Sein blanker Narbenrücken reibt sich überall,
Wo Wellen blitzen an den abgewetzten Steinen,
Den Stufen hin ins Wasser. Bei den fetten Brassen
Versank der Trauring dieser Stadt, sein Orientgold.

PIAZZA SAN MARCO

Für Liselotte Eversheim

Dies ist der Platz mit den glücklichsten Tauben der Welt.
Monomanisch gleichen sie, graue Genossen, perfekt der Zeit –
Unter Jung und Alt. Jedem, der kommt, wahllos zugesellt,
Sind sie, für eine Handvoll Futter, sofort aufzufliegen bereit.
Dies ist das Sammelbecken für alle und keinen. Polynesier,
Mohren, Eskimos, Deutsche, wer ist noch nicht hier gewesen?

Kein Platz, ein Salon, zwei Drittel des Jahrs überschwemmt,
Weil das Festland sich senkt, stetig der Meeresspiegel steigt.
Global bis zur letzten Boutique, mit Preisen höchst unbequem,
Lockt ein Ort, der die Weltbevölkerung als Pegelstand anzeigt.
Man geht hier im Kreis, nimmt zahlend die Pfützen im Sprung,
Sobald der Platz unter Wasser steht, jeder sekundenlang jung.

Sein Studierzimmer hat diese Piazza ein Philosoph genannt,
Ein sächsischer Vetter, Verkoster der hundert Einsamkeiten …
Einer schreit *Great*! Einer *Pronto*? Einer sinnt übers Abendland.
Den Menschen der Zukunft, er kannte ihn wie kein zweiter.
Die alte Dame mit ihrer Enkelin reißt sich blinzelnd zusammen
Beim Rákóczi-Marsch auf dem Wiener Stuhl vorm Café Florian.

Noch stehen die beiden da oben, nackt, an der Ecke zur Mole,
Überm Arkadenbogen des barbiefarbenen Dogenpalasts. Adam
Und Eva, die süßen Sünder – mancher knipst sie verstohlen.
Still wie Katzen reibt man sich an Venedigs feuchten Steinen,
Innerlich schnurrend (keiner hört es) und ist christlich entflammt,
Kaum reichen die Kälteschauer, St. Markus, ins eigne Gebein.

TOSKANISCHER GARTEN

Der Schwan im Käfig war ein Bild des Jammers:
Ein grausam ausgezehrter, monotoner Reim
Wie der von spätestem Barock und Belle Époque,
Beglotzt durch ein Monokel aus getrübtem Glas.

Zitronenbäumchen standen deplaziert in Kübeln
Um die Bassins, in denen, kaum vom Wind bewegt,
Die Daunenfedern in der grünen Brühe schaukelten.

O Dio, welcher Griesgram hatte da hineingepfuscht
Ins Werk des großen Witzbolds, Enzyklopädisten,
Der diesen Garten schuf in goldnen Gartenzeiten?
Welcher Stultitius, Malepartus, Melancholicus?

Einer war heiterer gewesen als sie alle, der entwarf
Die Treppe in der Scherenform der Stufenläufe,
Die Wasserspiele mit den gut versteckten Duschen
Für die Galane und die Reifrockdamen, kreischend,
Sobald der Strahl sie an gewissen Stellen kitzelte.

Nun ist da nur ein langer Sonntagnachmittag
Und der Humor der Sonnenuhr im Mauerschatten.
Es gibt die Muschelmosaike noch, die Kieselgrotten,
So grottenhäßlich, daß die kleinen Kinder weinen.

Seerosen türmen sich wie Abfall vom Gemüsemarkt.
Das Moos am Brunnenrand ist mit sich selber eins.
Wer soll ergründen, was so gründlich außer Mode kam?

KIND IM BRUNNEN

Ein Park in Rom, mit seinen abgrundgrünen Zedernmassen,
Die Villa zwischen Pinienschirmen, Marmorsäulen, Oleander
So schaurig schön wie Böcklins Toteninsel. Der gepflegte Rasen,
Im Grün die *smileys* kleiner Zitrusfrüchte zaubern ein Idyll,
Das auch kein Mauerriß, kein Stacheldraht verschandelt.
Die Stadt lag außerhalb, ein Haufen Hektik, Lärm und Müll.
Der Taxus raschelt, Sandaletten knirschen auf dem Kies –
Man war gewarnt. Auch von den übergroßen Bauchamphoren
An der Allee, die leicht ein Beben von den Sockeln stieß.
Unheimlich war der Ort.
Und sie, die neulich erst geboren,
Soeben laufen lernte, strauchelte und fiel in aller Herrgottsfrühe
In einen Brunnen dicht am Weg. Fast wars um sie geschehn.
Bis zu den Knien steckte sie, kopfunter, in der Eisesbrühe,
Die Lippen blau. Ich hör dich noch: »So schnell kanns gehn«.

INFANTIN IM KIESELSTEINREGEN

Vergeßt das Tulpenbeet, die große Rotexplosion,
Den Trümmerregen ins Grün, die Schrapnells
Aus zerspritzendem Karmesin. Es kommen
Die haptischen Freuden: vom Kiesweg der Kies,
Dies Geriesel der Steinchen durchs Fingersieb.
Die Infantin ist sie, und der Park gehört ihr.

Nehmt die Lorgnons von den Augen. Bestaunt
Nicht mehr länger Boskette und Buchsbaumtiere,
Im Sonnenlicht jagend. Denn sie ist erwacht.
Und weiß, was sich schickt: sie sammelt und wägt
Mit der linken, mit der rechten Hand Steinchen,
Wie man Erbsen zählt. Dann platzt es heraus!
Sie wirft die Arme hoch, und der Himmel zerreißt
In Spatzengezwitscher. Mit blitzenden Augen
Sitzt sie im Kieselsteinregen und lacht und lacht.

DER SOMMER DER LÖWIN

Wir trugen den Sommer zu Grabe. Wir ließen
Dem Schwimmbassin mit der Lache eiskalten Wassers
Auf dem algengrünschmierigen Boden die Luft ab.
Dann knieten wir nieder, die Kinder standen dabei,
Rollten es ein wie Schlemihl den feilen Schatten
Und stopften das Plastikbündel in den Container.

Leb wohl, weiße Fata Morgana des Ferragosto,
Familiäres Relikt auf stachelgespicktem Rasenstück,
Trauriges Auffangbecken unserer augusteischen Zeit.
Einmal saß da die ganze Meute und mittendrin sie,
Die Jüngste, die glucksend Wasser ließ, und *La Mama*
Im schilfgrünen Badeanzug, erschöpft von der Sonne,
Über den Rand gelehnt, hielt die Augen geschlossen.
Der Sommer war groß, er war schweigsam gewesen.
Der Sommer kam mit nur einer Silbe aus: Rom.

Daran dachte ich, als im Gras die Haarspange lag
Spät im November, unter Kaktusstacheln und Laub.
Damals, so hoch gesteckt, war ihre Mähne entflammt.
Hinter der Poliklinik hervor, im Burnus aus Dunst,
Kam eine libysche Sonne. Die Stadt war evakuiert,
Bis auf die Geisteskranken, die einsamen Alten.
Auf dem Corso drehte ein letztes Motorrad Runden,
Sein Auspuff frisiert, daß man das Löwengebrüll hörte.

MIMOSEN

Manchmal spätnachts kehrt er wieder, dieser eine Tag Rom,
Wenn im Zentrum der Glaskugel das Schneegestöber sich legt,
Deine Finger südwärts gleiten, und meine.
                                                  Das Metronom
Der Stunden setzt aus, und wir sind – in der ewigen Glyptothek.
Noch einmal die Taxifahrt, vorbei an den abgenagten Arkaden,
An Kapitellen, geköpft von der Zeit, Torsi, von Sonne gepellt.
Dann die Ankunft hinterm Rücken klatschnasser Najaden,
Um schließlich einzutauchen in Berninis phantastische Welt.
Was es da alles gab! Gazellen in Röcken und hautengen Hosen,
Obelisken, von Elefanten getragen, Marmor, zusammengestückt.
Barocke Wolkenhimmel, die man hier aus Espressotassen trank.
Fliegende Händler verkauften bei Rot an den Ampeln Mimosen.
Ein Tag nur, der bei Berührung schrumpfte zum Augenblick –
Eh wir zwei, eng umschlungen, in den Hotelspiegel sanken.

AGAVE

Im grünen Schwerterbündel der Agave
Wird der Schwur der Horatier Natur.
Die Legende vergeht nicht. Sie kehrt
An den Ursprung zurück, überwintert.

Hartlaub schneidet die Luft in Segmente,
Schafft um sich eine gewittrige Zone.
Hitze macht aus den fleischigen Blättern
Blech, das sich unter der Schere rollt.

Absurd ist die stachelgespickte Klinge,
Pompös die Askese, der Widerwille
Gegen jedes frühlingsgrüne Lamento.
Kein Waffenstillstand löst ihre Starre.

Eine Agave stirbt nicht an einem Frost.

ROM IM TRAUM

Rom! Was für ein grausam einsilbiger Name für eine Stadt – zumindest in deutschen Ohren. Aber wie vieles enthält diese eine sonore Silbe auch: Oratorisches und Katholisches, Modelle einer sozialen Ordnung, Grundformen der Rhetorik und der Architektur. Ein metrischer Baustein ist sie (in wie vielen Elegien), aber auch *ortus* (Anfang und Ursprung) für eine reiche Folge weltweit wirkender historischer Metamorphosen. Wir wissen um die Zauberwirkung der Namen und daß sie ihr Aroma entfalten aus ihrem bloßen Eigenklang, der einen Strom von Bildern und Pigmenten freisetzt. Der Name Rom: mir war er ein dunkles Braun, Erdbraun, durch das ein Rotton hindurchbrach, Wirkung der aufgehenden Sonne: und hinter allem lag das Versprechen von Gold, die Aussicht auf einen großen triumphierenden Tag. Das Naheliegendste beim Wort Rom sind mir immer die Maronen gewesen, die man am Straßenrand dort von den Händlern in kleinen, selbstgedrehten Papiertüten über das Röstblech gereicht bekam. Das Aroma von Rom konnte einem vom Geschmack der Artischocken wachgerufen, vom Anblick der Mimosen, von einer Tasse Cappuccino *wiedergeschenkt* werden. Glorioses und Odioses mischten sich in diesem Namen, der zum Musterfall wurde für Onomastik und Mythenkunde. Das Anagrammspiel von Amor, der Roma zum Ort seiner Amoral wählte, lag auf der Zunge; und außerdem fiel einem die Mora ein, die kleinste Silbeneinheit im Verstakt. Hier war dem ersten Großstadtbewohner, schon in antiken Zeiten, die Idee der Moderne in den Sinn gekommen, eine ästhetische Vision, wie sie nur einem urbanisierten Stilisten (einem Mann wie Cicero) einfallen konnte. Moderne auf Moderne hat uns seither in Atem gehalten.

Und dieses O, um das sich alles zu drehen scheint: erinnert es nicht an den Menschenmund, der vor Staunen offensteht und sich dann rundet zum Gloria, Gloria im Chorgesang? Es ruft die Orchestra der Griechen herbei und ihre raumlogische Fortsetzung, das Kolosseum, Vorbild aller parabolisch geformten Massensportstadien unserer Tage. Es läßt an die Rotunda denken und ihre gläserne Projektion, die kolorierte Rosette der späteren Dome. Man hört noch Ovid heraus und Horaz, die Eigennamen von Roms großen Poeten. Aber es steigt auch das *ora et labora* christlicher Epochen daraus hervor. Das Dorf, aus dem ein antikes Imperium wuchs, liegt darin, die steinerne Chronik von der Hütte des Romulus bis zu Barock und Moderne und, einige Oktaven höher, die überwältigende Kombination aus Grandiloquenz und Melancholie. Rom ist der Knotenpunkt kollektiver Memoria in der Geschichte Europas und der westlichen Welt.

Mir selber ist Rom zum Ort einer Wunscherfüllung geworden – von Phantasien der Ursprungsgeschichte, die lange reiften. Mit welchem Frohlocken stieß ich eines Tages auf die Stelle in Freuds *Traumdeutung*, wo dieser von seiner Sehnsucht berichtet, nach *Rom* zu kommen. »So träumte ich denn einmal, daß ich vom Coupéfenster aus Tiber und Engelsbrücke sehe; dann setzt sich der Zug in Bewegung, und es fällt mir ein, daß ich die Stadt ja gar nicht betreten habe.« Als ich es zum ersten Mal streifte, an einem strahlenden Hochsommertag, geschah dies bei einer Zwischenlandung. Ich war unterwegs nach Afrika und hatte etwa drei Stunden Zeit – zuwenig, um mich ins Zentrum aufzumachen. Mein Respekt war so groß, daß ich nicht nur im Flughafengebäude hockenblieb, sondern auch später noch manche Einladung ausschlug, die mich für eine Abendveranstaltung, ein verlängertes Wochenende an den Tiber locken wollte. Damals stellte ich mir Rom in gewaltigen Dimensionen vor und war nachher verblüfft, die Stadt so überschaubar zu finden, in wenigen konzentrierten Tagesmärschen zu erschließen. Was mich lange abhielt, war die Furcht vor dem antäischen Augenblick, die Berührung mit klassischem Boden. Ich sah in ihr das imaginäre Zentrum der verschlungenen Lebenswege, den Konvergenzort, an dem viele der Schreibmotive zusammentrafen. Heimlich tröstete mich der Gedanke an die Gleichursprünglichkeit aller Künstler angesichts dieser Stadt. Nun bin ich dort gewesen, *più o meno*, ein ganzes Jahr. Ich habe, am Ort der höchsten christlichen Machtkonzentration, fast ein ganzes Kirchenjahr miterlebt.

Die großen Städte begeistern doch immer als mächtige Organismen. Sie atmen und schwitzen, und über ihre Foren und Friedhöfe, durch ihre Straßen und Parks (hier zumeist mit dem Namen einer Villa verbunden) geht ein Lebensgeist, der sie unverwechselbar macht und sich in ihren Bewohnern, so und nur so, erneuert. Ein Romaufenthalt ist wie das Verweilen in einem Roman, an dem viele mitschrieben und morgen noch mitschreiben werden. Kilometerlang sind die Reihen der Bücher zum Thema in den Bibliotheken. Rom ist Wallfahrtsort und Bühne, Freiluftatelier und Laboratorium der Künste in einem. Früher fuhr man nach Rom, wie man im zwanzigsten Jahrhundert nach New York oder Rio fuhr, in die Wolkenkratzerstädte der Neuen Welt. In Rom lernte der reisende Europäer, was eine klassische Stadt ist. So also muß eine Brücke aussehen, dachte er, und es war die Milvische Brücke (der Ponte Molle). Und so ein Platz, und es war die Piazza Navona, deren langgestreckte Lichtung noch immer die einstige Pferderennbahn aus domitianischer Zeit verrät. Er sah einen Kuppelbau mit Raum für viele tausend Menschen, und es war die Mutter aller späteren Kuppelbauten, das Pantheon. Man sagt hier gern wie zur Entschuldigung, Rom sei schließlich ewig, wenn wieder einmal ein Bus ausfällt, ein Zug mit großer Verspätung in die Stazione Termini einfährt oder Museen und Kirchen, entgegen der versprochenen Öffnungszeit, doch verschlossen bleiben. Im Verhältnis zu *Roma aeterna* hat sich noch jede zeitliche Berechnung als provisorisch erwiesen.

Rom monumentalisiert alles ein wenig, auch die eigene Vorstellung. Es gibt ein groteskes Moment dort: man schaut umher und besinnt sich auf die Motorik der Steine, als habe sich von Rom aus der Marmor in Marsch gesetzt durch die Städte der Welt. Eine unheimliche Phantasie, denkt man an Kapitalen wie Washington oder das napoleonische Paris. Wie gut war es dann, daß es alberne Reime gab, die im Unbewußten ihren Schabernack trieben, Merksprüchlein wie dieses über die Gründung: »Einundzwanzig, vier, sieben-fünf-drei: Rom schlüpft aus dem Ei«. Es kam mir zuletzt so vor, als würde man mich in ein Geheimnis einweihen, und dieses Geheimnis hatte ein Lösungswort, das nichts und manches erklärte: Rom.

INHALT